大方廣佛華嚴經卷第二十九變相

大方廣佛華嚴經

일러두기

1. 『대방광불화엄경 강설』 원문原文의 저본底本은 근세에 교정이 가장 잘 되었다고 정평이 나 있는 대만臺灣의 불타교육기금회佛陀教育基金會에서 출판한 『화엄경소초華嚴經疏鈔』본입니다.

2. 『대방광불화엄경 강설』은 실차난타實叉難陀가 695년부터 699년까지 4년에 걸쳐 번역해 낸 80권본卷本 『대방광불화엄경』을 우리말로 옮기고 강설을 붙인 것입니다.

3. 『대방광불화엄경』은 애초 산스크리트에서 한역漢譯된 경전이지만 현재 산스크리트본은 소실된 상태입니다. 산스크리트를 음차한 경우 굳이 원래 소리를 표기하려고 하기보다는 『표준국어대사전』이나 『불교사전』 등에 등재된 한자음을 사용하는 것을 원칙으로 하였습니다.

4. 경문의 한글 번역은 동국역경원본을 참고하여 그대로 또는 첨삭을 하며 의미대로 번역하고 다듬었습니다.

5. 각 품마다 내용에 따라 단락을 나누고 제목을 달았습니다. 단락의 제목은 주로 청량淸凉스님의 견해에 기초하였고 이통현李通玄장자의 견해를 참고로 하였습니다.

6. 『대방광불화엄경 강설』의 발행 순서는 한역 경전의 편재 순서를 기준으로 하였고 각 권은 단행본 한 권씩으로 출간될 예정이며 모두 80권으로 완간됩니다. 다만 80권본에 빠져 있는 「보현행원품」은 80권본 완역 및 강설 후 시리즈에 포함돼 추가될 예정입니다.

7. 『대방광불화엄경 강설』 안에서 불교용어를 풀이한 것은 운허스님이 저술하고 동국역경원에서 편찬한 『불교사전』을 인용하였습니다.

8. 각주의 청량스님의 소疏는 대만에서 입력한 大方廣佛華嚴經 사이트의 것을 사용하였습니다.

9. 『대방광불화엄경 강설』 입법계품에 들어가는 문수지남도는 북송北宋시대 불국佛國선사가 선재동자가 53명의 선지식을 친견하여 법을 구하는 장면을 하나하나 그림으로 그린 것입니다.

대방광불화엄경 강설
제 29 권

二十五. 십회향품十廻向品 7

실차난타實叉難陀 한역
무비스님 강설

서문

사람 중에는 진실하고 정직하고 선량한 사람이 있으며, 그 반대의 사람도 있습니다. 불교도 또한 사람의 일이므로 진실하고 정직하고 선량한 불교가 있으며, 그 반대의 불교도 있습니다. 어떤 것이 진실하고 정직하고 선량한 불교이겠습니까? 사람들을 위해서 그리고 일체 생명을 위해서 선근을 닦고, 그 선근을 다시 일체 중생에게 회향하는 일을 하는 불교가 진실하고 정직하고 선량한 불교입니다.

우리는 모든 분야에서 최첨단을 달리는 21세기에 살고 있습니다. 이제 우리 한국 불교도 그동안의 진실하지 않고 정직하지 않고 선량하지 않고 자기 자신의 안녕과 자기 자신의 행복만을 위하는 불교에서 벗어나 한층 뛰어난 새로운 불교로 돌아가야 할 것입니다. 새로운 불교란 본래의 불교입니다. 본래로 부처님이 꿈꾸던 오직 중생만을 위하는 보살행의 불교입니다.

'애민중생여적자哀愍衆生如赤子'라고 하였습니다. 어머니가 자신은 병들고 굶고 헐벗었더라도 어린 자식만은 열심히 돌보듯이 일체 중생만을 위하는 불교가 본래의 불교이며, 새로운 불교이며, 진실하고 정직하고 선량한 불교입니다. 세상이 필요로 하는 불교입니다. 세상 사람들이 부처님처럼 존경하고 싶고 받들어 섬기고 싶은 불교입니다.

모든 사람은 본래로 인의예지仁義禮智와 십바라밀과 보살의 지혜와 자비를 마음속에 다 갖추고 있습니다. 부처님은 사람들에게 본래 없는 것을 무리하게 권하지 않습니다. 마음을 조금만 돌리면 우리 모두는 진실하고 정직하고 선량하여 경전의 가르침처럼 일체 선근을 닦아서 만 중생에게 회향할 수 있습니다. 그것을 보살행이라 합니다.

이제 산중의 작은 암자나 큰절이나 시중의 포교당에서는 아무리 작더라도 선행을 실천하고 다시 회향하는 것을 인생 최고의 가치로 생각하는 보살들을 길러 냅시다. 모든 사찰과 포교당과 불교단체가 진실한 보살들을 길러 내는 수련장이 됩시다. 진실한 보살들을 육성하는 교육 장소가 됩시다. 보살사관생도를 양성하는 보살사관학교가 됩시다. 지금부터라도 눈을 뜨고 그와 같은 도량이 되도록 마음 다해 노력

합시다.

저는 이제 이 십회향품을 공부하면서 우리 모두가 문수보살, 보현보살, 관세음보살, 지장보살과 같은 보살이 되자고 하는 보살불교운동을 선언합니다. 부디 이 성스러운 불사에 함께 동참하시어 한국의 불교를 바로 세웁시다.

2015년 6월 1일

신라 화엄종찰 금정산 범어사

如天 無比

대방광불화엄경 목차

제1권 1. 세주묘엄품世主妙嚴品 [1]
제2권 1. 세주묘엄품世主妙嚴品 [2]
제3권 1. 세주묘엄품世主妙嚴品 [3]
제4권 1. 세주묘엄품世主妙嚴品 [4]
제5권 1. 세주묘엄품世主妙嚴品 [5]
제6권 2. 여래현상품如來現相品
제7권 3. 보현삼매품普賢三昧品
4. 세계성취품世界成就品
제8권 5. 화장세계품華藏世界品 [1]
제9권 5. 화장세계품華藏世界品 [2]
제10권 5. 화장세계품華藏世界品 [3]
제11권 6. 비로자나품毘盧遮那品
제12권 7. 여래명호품如來名號品
8. 사성제품四聖諦品
제13권 9. 광명각품光明覺品
10. 보살문명품菩薩問明品
제14권 11. 정행품淨行品
12. 현수품賢首品 [1]
제15권 12. 현수품賢首品 [2]
제16권 13. 승수미산정품昇須彌山頂品
14. 수미정상게찬품須彌頂上偈讚品
15. 십주품十住品
제17권 16. 범행품梵行品
17. 초발심공덕품初發心功德品
제18권 18. 명법품明法品
제19권 19. 승야마천궁품昇夜摩天宮品
20. 야마천궁게찬품夜摩天宮偈讚
21. 십행품十行品 [1]
제20권 21. 십행품十行品 [2]
제21권 22. 십무진장품十無盡藏品
제22권 23. 승도솔천궁품昇兜率天宮品
제23권 24. 도솔궁중게찬품兜率宮中偈讚
25. 십회향품十廻向品 [1]
제24권 25. 십회향품十廻向品 [2]
제25권 25. 십회향품十廻向品 [3]
제26권 25. 십회향품十廻向品 [4]
제27권 25. 십회향품十廻向品 [5]
제28권 25. 십회향품十廻向品 [6]
제29권 25. 십회향품十廻向品 [7]
제30권 25. 십회향품十廻向品 [8]
제31권 25. 십회향품十廻向品 [9]
제32권 25. 십회향품十廻向品 [10]
제33권 25. 십회향품十廻向品 [11]
제34권 26. 십지품十地品 [1]
제35권 26. 십지품十地品 [2]
제36권 26. 십지품十地品 [3]
제37권 26. 십지품十地品 [4]
제38권 26. 십지품十地品 [5]

제39권 26. 십지품十地品 [6]
제40권 27. 십정품十定品 [1]
제41권 27. 십정품十定品 [2]
제42권 27. 십정품十定品 [3]
제43권 27. 십정품十定品 [4]
제44권 28. 십통품十通品
29. 십인품十忍品
제45권 30. 아승지품阿僧祇品
31. 여래수량품如來壽量品
32. 보살주처품菩薩住處品
제46권 33. 불부사의법품佛不思議法品 [1]
제47권 33. 불부사의법품佛不思議法品 [2]
제48권 34. 여래십신상해품如來十身相海品
35. 여래수호광명공덕품 如來隨好光明功德品
제49권 36. 보현행품普賢行品
제50권 37. 여래출현품如來出現品 [1]
제51권 37. 여래출현품如來出現品 [2]
제52권 37. 여래출현품如來出現品 [3]
제53권 38. 이세간품離世間品 [1]
제54권 38. 이세간품離世間品 [2]
제55권 38. 이세간품離世間品 [3]
제56권 38. 이세간품離世間品 [4]
제57권 38. 이세간품離世間品 [5]
제58권 38. 이세간품離世間品 [6]
제59권 38. 이세간품離世間品 [7]
제60권 39. 입법계품入法界品 [1]
제61권 39. 입법계품入法界品 [2]
제62권 39. 입법계품入法界品 [3]
제63권 39. 입법계품入法界品 [4]
제64권 39. 입법계품入法界品 [5]
제65권 39. 입법계품入法界品 [6]
제66권 39. 입법계품入法界品 [7]
제67권 39. 입법계품入法界品 [8]
제68권 39. 입법계품入法界品 [9]
제69권 39. 입법계품入法界品 [10]
제70권 39. 입법계품入法界品 [11]
제71권 39. 입법계품入法界品 [12]
제72권 39. 입법계품入法界品 [13]
제73권 39. 입법계품入法界品 [14]
제74권 39. 입법계품入法界品 [15]
제75권 39. 입법계품入法界品 [16]
제76권 39. 입법계품入法界品 [17]
제77권 39. 입법계품入法界品 [18]
제78권 39. 입법계품入法界品 [19]
제79권 39. 입법계품入法界品 [20]
제80권 39. 입법계품入法界品 [21]
제81권 40. 보현행원품普賢行願品

대방광불화엄경 강설 제29권

二十五. 십회향품十廻向品 7

4. 금강당보살이 열 가지 회향을 설하다

9) 제7 등수순일체중생회향

(1) 일체 선근을 모으다 …… 14

(2) 선근을 닦아 덕을 이루다 …… 18

(3) 모든 선근은 보리심으로 되었다 …… 26

(4) 모든 선근을 일체 중생에게 회향하다 …… 28

(5) 보시의 수승함을 밝히다 …… 32

(6) 아승지 세계에 가득한 보시를 원하다 …… 34

(7) 일체 세계 일체 중생에게도 이와 같이 하다 …… 40

(8) 보시할 때에 내는 마음 …… 42

(9) 선근으로 회향하는 마음 …… 44

(10) 회향하는 바를 밝히다 ………………………… 48
1> 십신위를 나타내는 수행 ………………………… 48
2> 종성위인 십주위의 수행 ………………………… 58
3> 해행위의 수행 ………………………… 61
4> 십지위의 십바라밀 수행 ………………………… 65
5> 등각위의 수행 ………………………… 68
6> 불과위의 수행 ………………………… 71
7> 종성위의 인행이 원만함 ………………………… 76
8> 해행위의 인과가 원만함 ………………………… 80
9> 십지위의 인행이 원만함 ………………………… 85
10> 불과가 원만함 ………………………… 88
(11) 이익을 이룸 ………………………… 94
(12) 중생에게 권하는 회향 ………………………… 97
(13) 구경의 회향 ………………………… 101
(14) 실제에 회향하다 ………………………… 103
(15) 인위의 광대한 덕 ………………………… 105
(16) 과위의 덕은 청정하다 ………………………… 111

(17) 어기지 않는 자재한 덕 ········ 114
(18) 상이 다한 평등한 덕 ········ 121
(19) 과위를 말하다 ········ 125
(20) 금강당보살이 게송을 설하다 ········ 129
1> 회향할 선근 ········ 129
2> 인의 덕이 광대함 ········ 139
3> 과의 덕이 청정함 ········ 140
4> 상이 다하여 평등함 ········ 145

대방광불화엄경 강설

제29권

二十五. 십회향품 7

4. 금강당보살이 열 가지 회향을 설하다

9) 제7 등수순일체중생회향等隨順一切衆生廻向

(1) 일체 선근을 모으다

불자 운하위보살마하살 등수순일체중
佛子야 **云何爲菩薩摩訶薩**의 **等隨順一切衆**

생회향 불자 차보살마하살 수소적집일체
生廻向고 **佛子**야 **此菩薩摩訶薩**이 **隨所積集一切**

선근
善根하나니

"불자들이여, 무엇을 보살마하살의 일체 중생을 평등하게 수순하는[等隨順一切衆生] 회향이라 하는가. 불자들이여, 이 보살마하살이 가는 곳마다 일체 선근善根을 쌓아 모으느니라."

십회향 중에서 제7 일체 중생을 평등하게 수순하는 회향이다. 보살은 언제나 중생들을 차별 없이 평등하게 수순한다. 31종의 선근을 모아서 닦아 행하고, 선근에 편안히 머물고, 선근에 나아가 들어가고, 선근을 거두어 가지고, 선근을 쌓아 모으고 하는 내용을 밝혔다.

소위소선근 대선근 광선근 다선근 무
所謂小善根과 **大善根**과 **廣善根**과 **多善根**과 **無**
량선근 종종선근 미진수선근 아승지선근
量善根과 **種種善根**과 **微塵數善根**과 **阿僧祇善根**
무변제선근 불가사선근 불가량선근
과 **無邊際善根**과 **不可思善根**과 **不可量善根**과

"이른바 작은 선근, 큰 선근, 넓은 선근, 많은 선근, 한량없는 선근, 갖가지 선근, 티끌 수 같은 선근, 아승지 선근, 한계가 없는[無邊際] 선근, 생각할 수 없는 선근, 헤아릴 수 없는 선근이니라."

31종의 선근 가운데 열한 구절은 선근의 한계를 밝혔다.

불경계선근 법경계선근 승경계선근 선
佛境界善根과 **法境界善根**과 **僧境界善根**과 **善**

지식경계선근 일체중생경계선근 방편선교
知識境界善根과 **一切衆生境界善根**과 **方便善巧**

경계선근 수제선심경계선근 내경계선근
境界善根과 **修諸善心境界善根**과 **內境界善根**과

외경계선근 무변조도법경계선근
外境界善根과 **無邊助道法境界善根**과

"부처님 경계 선근, 법 경계 선근, 승僧 경계 선근, 선지식善知識 경계 선근, 일체 중생 경계 선근, 방편의 공교한 경계 선근, 모든 선한 마음을 닦는 경계 선근, 안[內] 경계 선근, 바깥 경계 선근, 그지없는 도道를 돕는 법[無邊助道法] 경계 선근이니라."

다음의 열 구절은 선근이 의지할 바의 인연을 밝혔다.

근수일체사선근 입승지구경지정계선근
勤修一切捨善根과 **立勝志究竟持淨戒善根**과

일체사무불수감인선근 상정진심무퇴선근
一切捨無不受堪忍善根과 常精進心無退善根과

이대방편 입무량삼매선근 이지혜선관찰
以大方便으로 入無量三昧善根과 以智慧善觀察

선근 지일체중생심행차별선근 집무변공
善根과 知一切衆生心行差別善根과 集無邊功

덕선근 근수습보살업행선근 보부육일체
德善根과 勤修習菩薩業行善根과 普覆育一切

세간선근
世間善根이니라

"모든 보시를 부지런히 닦는 선근, 훌륭한 뜻을 세워 끝까지 계율을 지니는 선근, 일체 버리는 것을 모두 받아 견디고 참는 선근, 항상 정진하는 마음이 물러가지 않는 선근, 큰 방편으로 무량한 삼매에 들어가는 선근, 지혜로 잘 관찰하는 선근, 모든 중생의 마음과 행동의 차별함을 아는 선근, 그지없는 공덕을 모으는 선근, 보살의 업業과 행行을 부지런히 닦는 선근, 일체 세간을 덮어 기르는 선근이니라."

마지막 열 구절은 선근의 체성體性을 밝혔다.

(2) 선근을 닦아 덕을 이루다

불자 보살마하살 어차선근 수행 안
佛子야 菩薩摩訶薩이 於此善根에 修行하고 安

주 취입 섭수 적집 판구 오해
住하고 趣入하고 攝受하고 積集하고 辦具하고 悟解하고

심정 개시 발기시 득감인심 폐악취
心淨하고 開示하고 發起時에 得堪忍心하야 閉惡趣

문
門하며

"불자들이여, 보살마하살이 이 선근을 닦아 행하고, 편안히 머물고, 나아가 들어가고, 거두어 가지고, 쌓아 모으고, 마련하여 갖추고, 깨달아 알고, 마음이 깨끗하고, 열어 보이고, 발發하여 일으킬 때에 견디고 참는 마음을 얻고 나쁜 갈래의 문을 닫아 버리느니라."

선근을 닦아 덕을 이룬다는 것은 부연하자면 선근을 닦아 행하고, 선근에 편안히 머물고, 선근에 나아가 들어가고, 선근을 거두어 가지고, 선근을 쌓아 모으고, 선근을 마련하여 갖추고, 선근을 깨달아 알고, 선근에 마음이 깨끗하고, 선근을 열어 보이고, 선근을 발發하여 일으키는 일이다. 그

때에 견디고 참는 마음을 얻어 나쁜 갈래의 문을 닫아 버리어 더 이상 나쁜 일이 없는 선근의 덕을 이루는 것이다.

선섭제근　　위의구족　　원리전도　　정행
善攝諸根하야 **威儀具足**하며 **遠離顚倒**하야 **正行**

원만
圓滿하며

"여러 근根을 잘 거두어 위의威儀가 구족하며, 전도함을 멀리 떠나서 바른 행行이 원만하니라."

또 선근의 덕은 육근六根을 잘 거두어 삼천의 위의[三千威儀]와 팔만의 미세한 행동이 구족하게 된다. 어리석거나 전도된 행위를 멀리 떠나서 올바른 행위만 원만하여 다른 이의 본보기가 된다.

감위일체제불법기　　능작중생복덕양전
堪爲一切諸佛法器하야 **能作衆生福德良田**하며

"능히 일체 모든 부처님의 법의 그릇이 되고, 또 중생들의 복덕의 좋은 밭을 짓느니라."

선근을 잘 닦아 덕을 이루면 모든 부처님의 법을 다 담을 수 있는 그릇이 된다. 불교를 공부하는 보살은 법의 그릇이 크고 깊어서 온갖 불법을 다 담고 있어야 한다. 그래서 온전한 법의 그릇이 되면 일체 중생에게 훌륭한 복전이 되는 것이다. 출가 수행자가 입는 가사袈裟라는 법의法衣는 중생에게 복전이 되는 사람들이 입는 것이라고 하여 밭을 상징하고 있다.

위불소념　　장불선근　　주제불원　　행제
爲佛所念하야 **長佛善根**하며 **住諸佛願**하야 **行諸**
불업
佛業하며

"부처님의 호념하심이 되어 부처님의 선근을 증장하며, 모든 부처님의 서원에 머물러 모든 부처님의 사업을 행하느니라."

선근을 잘 닦아 덕을 이루면 반드시 부처님의 호념하심이 되며, 또 부처님의 선근을 증장하며, 모든 부처님의 원력이 자신의 원력이 되어 그것에 안주하며, 나아가서 그 원력으로 모든 부처님이 행하시는 사업을 행하게 된다. 즉 세상에서 부처님을 대신하게 된다. 선근의 덕이란 이와 같이 위대하다.

심득자재 등삼세불 취불도량 입여
心得自在하야 **等三世佛**하며 **趣佛道場**하며 **入如**

래력 구불색상 초제세간
來力하야 **具佛色相**하야 **超諸世間**하며

"마음이 자재함을 얻어 삼세의 부처님과 평등하며, 부처님의 도량에 나아가 여래의 힘에 들어가고, 부처님의 상호를 갖추어 모든 세간을 초월하느니라."

선근을 닦아 덕을 이루면 마음이 자유자재하다. 과거 미래 현재 부처님과 평등하다. 부처님의 도량에 나아가 여래의 힘에 들어간다. 정신적인 내면의 문제뿐 아니라 외모까지도

부처님의 모습을 갖추게 되어 세상 사람들의 모습을 멀리 초월한다.

불락생천 불탐부락 불착제행 일체
不樂生天하고 **不貪富樂**하며 **不着諸行**하야 **一切**
선근 실이회향
善根으로 **悉以迴向**하며

"천상에 나기를 좋아하지 않고 부귀를 탐하지 않으며 모든 행行에 집착하지 않고 일체 선근을 모두 회향하느니라."

중생을 제도하는 것을 낙으로 삼는 보살은 천상에 태어나는 것을 좋아하지 않는다. 또한 부귀에 탐착하지도 않는다. 어떤 행위에도 집착하지 않고 모든 선근을 남김없이 중생에게 회향한다.

위제중생공덕지장 주구경도 보부일
爲諸衆生功德之藏하야 **住究竟道**하야 **普覆一**

체
切하며

"모든 중생들의 공덕장功德藏이 되고 구경의 도[究竟道]에 머물러 모두를 널리 덮어 주느니라."

선근을 닦아 덕을 이루면 모든 중생들의 공덕의 곳집이 되어 일체 중생은 보살에게서 공덕을 얻는다. 불법의 가장 높은 도에 머물게 되므로 일체 중생을 덕으로 다 덮어 준다.

어허망도중 발출중생 영기안주일체선
於虛妄道中에 拔出衆生하야 令其安住一切善

법
法하며

"허망한 길에서 중생을 구해 내어 모든 선善한 법에 편안히 머물게 하느니라."

선근을 닦은 덕은 중생들을 허망한 길에서 모두 구해 내어 일체의 선량한 법에 편안히 머물게 한다.

변제경계 무단무진 개일체지보리지
徧諸境界하야 無斷無盡하야 開一切智菩提之

문 건립지당 엄정대도
門하며 建立智幢하야 嚴淨大道하며

"여러 경계에 두루 하여 끊임도 없고 다함도 없으며, 일체 지혜에 나아가는 보리의 문을 열고, 지혜의 깃발을 세워 큰 도를 깨끗이 장엄하느니라."

선근을 닦아 덕을 이루면 일체 존재의 차별과 평등을 아는 보리의 문을 열어 지혜의 깃발을 높이 세우게 된다.

보능시현일체세간 영제구염 심선조
普能示現一切世間하야 令除垢染하며 心善調

복 생여래가 정불종성 공덕구족
伏하야 生如來家하며 淨佛種性하야 功德具足하며

"일체 세간에 두루 나타나서 물든 때를 제거하게 하며, 마음이 잘 조복되어 여래의 가문에 나며, 부처님의 종성種性을 청정히 하여 공덕이 구족하느니라."

불법이란 선근을 닦는 일이다. 선근을 닦는 일이 계속해서 이어진다는 것은 곧 부처님의 종성이 영원히 이어지는 일이며 불법이 세상에 항상 머무는 일이다.

작대복전　　위세소의　　안립중생　　함령
作大福田하야 **爲世所依**하며 **安立衆生**하야 **咸令**

청정　　상근수습일체선근
清淨하며 **常勤修習一切善根**이니라

"큰 복전을 지어 세상에서 의지할 곳이 되며, 중생이 편안히 머물러 모두 청정하게 하며, 항상 일체 선근을 부지런히 닦느니라."

선근을 닦아 덕을 이루는 일은 큰 복전이 되어 세상이 모두 의지하는 바가 되며, 중생들의 편안히 머무는 바가 된다. 그리고 일체 선근을 더욱 부지런히 닦는 불법으로 세상을 구제하는 일이 된다.

(3) 모든 선근은 보리심菩提心으로 되었다

불자　보살마하살　이정지원보리심력
佛子야 菩薩摩訶薩이 以淨志願菩提心力으로

수제선근시　작시념언　차제선근　시보리
修諸善根時에 作是念言호대 此諸善根이 是菩提

심지소적집　시보리심지소사유　시보리심
心之所積集이며 是菩提心之所思惟며 是菩提心

지소발기
之所發起며

"불자들이여, 보살마하살이 청정한 뜻과 원과 보리심의 힘으로 모든 선근을 닦을 적에 이러한 생각을 하느니라. '이 모든 선근은 보리심으로 쌓아 모은 것이며, 보리심으로 생각한 것이며, 보리심으로 발기發起한 것이며,

시보리심지소지락　시보리심지소증익
是菩提心之所志樂이며 是菩提心之所增益이니

개위연민일체중생　개위취구일체종지　개
皆爲憐愍一切衆生이며 皆爲趣求一切種智며 皆

위 성 취 여 래 십 력　　　　작 시 념 시　선 근 증 진
爲成就如來十力이라하야 **作是念時**에 **善根增進**하야

영 불 퇴 전
永不退轉이니라

보리심으로 즐겨하는 바이며, 보리심으로 증장한 것이니, 모두 일체 중생을 연민히 여긴 것이며, 모두 일체 지혜를 구하기 위함이며, 모두 여래의 십력十力을 성취하기 위한 것이니라.' 라고 하나니, 이렇게 생각할 때에 선근이 더욱 늘어서 길이 퇴전하지 않느니라."

보살이 훌륭한 뜻과 원으로 선근을 닦을 때에 생각하는 바를 밝혔다. 일체가 보리심으로 이루어졌음을 하나하나 들었는데 궁극에는 일체 지혜를 구하여 부처님의 열 가지 힘을 성취하기 위함이라고 하였다. 보리심이란 무엇인가. 지혜와 자비가 완전히 갖춰진 불심佛心이다. 불심으로 인하여 모든 선근을 닦고, 닦은 선근을 다시 회향하는 것이다.

(4) 모든 선근을 일체 중생에게 회향하다

불자　보살마하살　부작시념　원아이차
佛子야 **菩薩摩訶薩**이 **復作是念**호대 **願我以此**

선근과보　진미래겁　수보살행　실이혜
善根果報로 **盡未來劫**토록 **修菩薩行**하야 **悉以惠**

시일체중생　실이회향일체중생　보변무
施一切衆生하며 **悉以迴向一切衆生**하야 **普徧無**

여
餘호대

"불자들이여, 보살마하살이 또 생각하기를 '원컨대 나는 이 선근의 과보果報로 오는 세월이 다하도록 보살의 행을 닦아서 모두 일체 중생에게 보시하며 모두 일체 중생에게 회향하여 남김없이 두루 하여지이다.' 라고 하느니라."

제7 회향은 일체 중생에게 평등하게 수순하는 회향이다. 그러므로 보살이 미래겁이 다하도록 보살행을 닦아 일체 중생에게 베풀고, 그 선근 공덕을 다시 일체 중생에게 남김없이 회향한다. 보살의 마음에는 자신은 이미 사라지고 일체 중생만 남아 있다. 불교란 한마디로 일체 중생을 위하는 길이

다. 보살이 원하는 바의 생각은 계속된다.

원령아승지세계 진보충만 아승지세계
願令阿僧祇世界로 珍寶充滿하며 阿僧祇世界로

의복충만 아승지세계 묘향충만 아승지
衣服充滿하며 阿僧祇世界로 妙香充滿하며 阿僧祇

세계 장엄구충만 아승지세계 무량마니
世界로 莊嚴具充滿하며 阿僧祇世界로 無量摩尼

보충만
寶充滿하며

"다시 또 '원컨대 아승지 세계에 보배를 가득히 하고, 아승지 세계에 의복을 가득히 하고, 아승지 세계에 묘한 향을 가득히 하고, 아승지 세계에 장엄거리를 가득히 하고, 아승지 세계에 한량없는 마니보배를 가득히 하고,

아승지세계 묘화충만 아승지세계 상
阿僧祇世界로 妙華充滿하며 阿僧祇世界로 上

미충만　　아승지세계　재화충만　　아승지세
味充滿하며 阿僧祇世界로 財貨充滿하며 阿僧祇世

계　상좌충만　　개이보장　　부이묘의
界로 牀座充滿하야 蓋以寶帳하고 敷以妙衣하며

아승지 세계에 묘한 꽃을 가득히 하고, 아승지 세계에 좋은 음식을 가득히 하고, 아승지 세계에 재물을 가득히 하고, 아승지 세계에 평상을 가득히 하되 보배 휘장을 두르고 묘한 의복을 깔았으며,

아승지세계　종종장엄보관충만　　가사일
阿僧祇世界로 種種莊嚴寶冠充滿하야 假使一

인　진미래겁　　상래구색　　이차등물　이
人이 盡未來劫토록 常來求索이라도 以此等物로 而

혜시지　　미증염권　　이유휴식　　여어일인
惠施之호대 未曾厭倦하야 而有休息이니 如於一人

어일체중생　실역여시
하야 於一切衆生에 悉亦如是니라

아승지 세계에 갖가지로 장엄한 보배 관冠을 가득히 하여, 가령 어떤 사람이 미래겁이 끝나도록 항상 와서 구

결하는 이에게 이런 물건으로 보시하되, 싫은 생각도 없고 쉬지도 아니하리니, 한 사람에게 하는 것과 같이 일체 중생에게도 다 그렇게 하여지이다.' 라고 하느니라."

보살은 일체 중생에게 무엇이나 주고 또 주어서 아무리 많이 주더라도 마음이 만족하지 않는다. 보살이 일체를 보시하여 닦은 선근을 일체 중생에게 회향하면서 다시 더 베풀고 싶어서 생각하는 바를 설하였다. 보시하고 싶은 물건의 양 하나하나가 모두 아승지 숫자다. 아승지란 얼마나 큰 수인가. 번역하면 셀 수 없다는 무수無數다. 또 무량無量이다. 또는 인도의 거대한 수량의 단위로서 10의 59승乘이라고도 한다.

보시하는 물건의 낱낱이 이와 같이 많은 것을 한 사람에게 보시하듯이 일체 중생에게 모두 그렇게 보시하여지기를 원하는 것이다. 도대체 보살의 중생에게 베풀고자 하는 마음은 얼마만큼인가. 수천억 광년 저 우주 끝까지인가. 아니, 그것으로도 보살의 중생을 위하고자 하는 마음에는 미치지 못할 것이다.

(5) 보시의 수승함을 밝히다

불자 보살마하살 여시시시 무허위심
佛子야 **菩薩摩訶薩**이 **如是施時**에 **無虛僞心**하며

무희망심 무명예심 무중회심 무열뇌
無希望心하며 **無名譽心**하며 **無中悔心**하며 **無熱惱**

심
心하고

"불자들이여, 보살마하살이 이와 같이 보시할 때에 거짓된 마음이 없고, 바라는 마음도 없고, 명예를 위하는 마음도 없고, 중간에 후회하는 마음도 없고, 번뇌하는 마음도 없느니라."

먼저 보통의 사람들이 다른 사람에게 무엇인가를 조금만 베풀어도 일으키기 쉬운 마음을 열거하였다. 억지로 주는 거짓된 마음, 대가를 바라는 마음, 칭찬을 듣고자 하는 마음, 보시를 하고도 뒤에는 보시한 것을 후회하는 마음, 아까워서 고민하는 마음들이다. 일반 사람에게는 이와 같은 마음들이 다 있다. 그래서 진정 가치 있는 보시가 되지 못한다.

단발전구일체지도심　일체실사심　애민중
但發專求一切智道心과 一切悉捨心과 哀愍衆

생심　교화성숙심　개령안주일체지지심
生心과 敎化成熟心과 皆令安住一切智智心이니

"다만 일체 지혜를 구하는 마음과 모든 것을 다 버리는 마음과 중생을 애민哀愍히 여기는 마음과 교화하여 성숙시키려는 마음과 일체 지혜의 지혜에 머물게 하려는 마음을 내느니라."

앞에서 열거한 마음들이 부정적인 마음이라면 지금의 마음은 모두 긍정적인 마음들이다. 일체 존재의 평등한 공성과 현상의 차별을 다 아는 일체 지혜의 지혜를 구하려는 것과 일체 중생을 애민히 여겨서 그들을 교화하여 성숙시키려는 마음뿐이다.

불자　보살마하살　이제선근　여시회향
佛子야 菩薩摩訶薩이 以諸善根으로 如是廻向하야

진미래겁　상행혜시　주일체지지심
盡未來劫토록 常行惠施하야 住一切智智心이니라

“불자들이여, 보살마하살이 모든 선근으로 이와 같이 회향하여 미래겁이 끝나도록 항상 보시를 행하여 온갖 지혜의 지혜 마음에 머무느니라.”

보시를 하면서 일체 부정적인 마음은 하나도 없고 긍정적인 마음만으로 회향하여 미래겁이 다하도록 항상 보시를 행한다.

(6) 아승지 세계에 가득한 보시를 원하다

불자 보살마하살 부작시념 아위일중
佛子야 **菩薩摩訶薩**이 **復作是念**호대 **我爲一衆**
생고 욕령아승지세계 보상충만 칠지구
生故로 **欲令阿僧祇世界**에 **寶象充滿**호대 **七支具**
족 성극조순 상립금당 금망미부 종
足하야 **性極調順**하고 **上立金幢**하야 **金網彌覆**하고 **種**
종묘보 이위장엄 이용보시
種妙寶로 **而爲莊嚴**하야 **以用布施**하며

“불자들이여, 보살마하살이 다시 또 생각하기를 ‘내

가 한 중생을 위하여 아승지 세계에 코끼리가 가득하게 하되, 일곱 가닥이 구족하고 성질이 유순하며, 위에 황금 깃대를 세우고 황금 그물을 덮었으며 갖가지 기묘한 보배로 장엄한 그런 것으로 보시하여지이다.' 라고 하느니라."

제7 회향에서의 보살이 다시 또 생각하는 바를 열거하였다. 아승지 세계에 가득하게 코끼리와 말과 기녀와 온갖 남자와 여자와 자기의 몸 등으로 보시하기를 원하는 내용이다. 그토록 많은 보시를 설법하였건만 다시 또 아승지 세계에 가득히 채워서 보시하고 싶은 것이 보살의 마음이다. 실로 불법은 오로지 보시며 부처님의 가르침은 오로지 보시라는 것을 각인시켜 주기 위함이리라.

원령아승지세계 보마충만 여용마왕
願令阿僧祇世界에 **寶馬充滿**호대 **如龍馬王**하야

종종중보장엄지구 이엄식지 지용보시
種種衆寶莊嚴之具로 **而嚴飾之**로 **持用布施**하며

"'원컨대 또 아승지 세계에 말[馬]이 가득하게 하되, 용과 같은 말들을 가지각색 보배 장엄거리로 꾸미었거든, 그런 것으로 보시하여지이다.' 라고 하느니라."

원령아승지세계 기녀충만 실능부주종
願令阿僧祇世界에 **妓女充滿**호대 **悉能敷奏種**

종묘음 지용보시
種妙音으로 **持用布施**하며

"'원컨대 또 아승지 세계에 기녀들이 가득하게 하되, 모두 가지가지 아름다운 음악을 연주하거든, 그런 것으로 보시하여지이다.' 라고 하느니라."

원령아승지세계 남녀충만 지용보시
願令阿僧祇世界에 **男女充滿**으로 **持用布施**하며

"'원컨대 또 아승지 세계에 남자와 여자가 가득하게 하여 그들로 보시하여지이다.' 라고 하느니라."

원령아승지세계 기신충만 발보리심
願令阿僧祇世界에 **已身充滿**하야 **發菩提心**으로

이용보시
而用布施하며

"'원컨대 또 아승지 세계에 내 몸이 가득하되 보리심을 내어서 보시하여지이다.' 라고 하느니라."

원령아승지세계 기두충만 기불방일심
願令阿僧祇世界에 **已頭充滿**하야 **起不放逸心**

이용보시
으로 **而用布施**하며

"'원컨대 또 아승지 세계에 내 머리가 가득하되 게으르지 않은 마음을 일으켜 보시하여지이다.' 라고 하느니라."

원령아승지세계 기안충만 이용보시
願令阿僧祇世界에 **已眼充滿**으로 **而用布施**하며

"'원컨대 또 아승지 세계에 내 눈이 가득한 것으로 보시하여지이다.' 라고 하느니라."

원령아승지세계 기신혈육 급이골수 충
願令阿僧祇世界에 **己身血肉**과 **及以骨髓**가 **充**

만기중 심무고련 지용보시
滿其中호대 **心無顧戀**으로 **持用布施**하며

"'원컨대 또 아승지 세계에 내 몸의 피와 살과 골수가 가득한 것을 아무 생각도 없이 보시하여지이다.'라고 하느니라."

원령아승지세계 자재왕위 충만기중
願令阿僧祇世界에 **自在王位**가 **充滿其中**으로

지용보시
持用布施하며

"'원컨대 또 아승지 세계에 자재한 왕의 지위가 가득한 것으로 보시하여지이다.'라고 하느니라."

원령아승지세계 노복작사 충만기중
願令阿僧祇世界에 **奴僕作使**가 **充滿其中**으로

지용보시
持用布施니

"'원컨대 또 아승지 세계에 노복과 하인이 가득한 것으로 보시하여지이다.' 라고 하느니라."

보살마하살 이여시등종종제물 진미래
菩薩摩訶薩이 以如是等種種諸物로 盡未來

겁 안주광대일체시심 시일체중생
劫토록 安住廣大一切施心하야 施一切衆生하나니

여일중생 진중생계일체중생 개여시시
如一衆生하야 盡衆生界一切衆生에 皆如是施니라

"보살마하살이 이러한 갖가지 물건으로써 오는 세월이 끝나도록 온갖 것을 보시하려는 광대한 마음에 머물러서 일체 중생에게 보시하나니, 한 중생에게와 같이 모든 일체 중생계의 일체 중생에게 다 이와 같이 보시하느니라."

위에서 열거한 갖가지 물건으로 아승지 세계에 가득히 채워 미래겁이 다하도록 보시하기를 원하는 것이다. 이와 같이 한 중생에게 보시하듯이 모든 중생세계의 일체 중생에게 이와 같이 보시하기를 원한다.

인색한 중생들은 이와 같은 성인의 말씀을 무수억만 번 듣고 보고 읽어서 세포 하나하나와 혈구血球 하나하나와 산소 하나하나가 모두 보시의 정신으로 철저히 무장되어야 할 것이다. 십회향의 정신은 곧 보시로써 세상을 정화하고 교화하고 제도하고 성취하려는 것이다.

(7) 일체 세계 일체 중생에게도 이와 같이 하다

불자 보살마하살 어일세계 진미래겁
佛子야 **菩薩摩訶薩**이 **於一世界**에 **盡未來劫**토록

수보살행 이시등물 시일중생 여시급시
修菩薩行하야 **以是等物**로 **施一衆生**하며 **如是給施**

일체중생 개령만족
一切衆生하야 **皆令滿足**하나니

"불자들이여, 보살마하살이 한 세계에서 오는 세월이 끝나도록 보살의 행을 닦으면서 이런 물건으로 한

중생에게 보시하며, 이와 같이 일체 중생에게도 베풀어 주어 모두를 만족케 하느니라."

여어일세계 어진허공변법계일체세계중
如於一世界하야 於盡虛空徧法界一切世界中에

실역여시 대비보부 종무간식 보가애
悉亦如是하야 大悲普覆하며 終無間息하며 普加哀

민 수기소수 공급공양 불령시행 우
愍하며 隨其所須하야 供給供養호대 不令施行으로 遇

연이식 내지불어일탄지경 생피권심
緣而息하며 乃至不於一彈指頃도 生疲倦心이니라

"한 세계에서와 같이 온 허공과 법계에 가득한 일체 세계에서도 다 이와 같이 하되, 큰 자비가 널리 덮이어 한순간도 쉬지 아니하며, 모두 불쌍히 여겨서 그들에게 필요한 대로 공급하고 공양하며, 보시하는 행이 인연을 만나서 쉬게 하지 아니하며, 내지 손가락 한 번 튕길 동안이라도 고달픈 생각을 내지 아니하느니라."

보살이 자비한 마음으로 중생들에게 보시를 실천하는 일

의 무한 확대를 표현한 내용이다. 이 외에 다시 또 어떤 설명을 할 수 있겠는가. 보살의 마음에는 한계가 없다. 어떤 누가 드넓은 우주를 알고서 설명을 하든 그 알고 설명하는 우주의 끝까지 닿는 것이 보살의 자비심이다. 무한한 우주를 설명할 때 불교적 표현으로는 온 허공과 법계에 가득한 일체세계[盡虛空徧法界一切世界]라고 한다. 그 무한한 우주에 모두 중생과 생명이 살고 있어서 그 모두를 큰 자비로 널리 덮어서 한순간도 쉬지 아니하며 모두를 불쌍히 여겨 그들에게 필요한 대로 공급하고 공양한다.

(8) 보시할 때에 내는 마음

불자 보살마하살 여시시시 생어차심
佛子야 **菩薩摩訶薩**이 **如是施時**에 **生於此心**하나니

소위무착심 무박심 해탈심 대력심 심심
所謂無着心과 **無縛心**과 **解脫心**과 **大力心**과 **甚深**

심 선섭심 무집심 무수자심 선조복심
心과 **善攝心**과 **無執心**과 **無壽者心**과 **善調伏心**과

불 산 란 심
不散亂心과

"불자들이여, 보살마하살이 이와 같이 보시할 적에 이런 마음을 내느니라. 이른바 집착이 없는 마음, 속박이 없는 마음, 해탈하는 마음, 큰 힘을 가진 마음, 매우 깊은 마음, 잘 거두어 주는 마음, 고집이 없는 마음, 오래 산다는 생각이 없는 마음, 잘 조복하는 마음, 산란하지 않은 마음이니라."

불 망 계 심 　구 종 종 실 성 심 　불 구 과 보 심 　요
不妄計心과 **具種種實性心**과 **不求果報心**과 **了**
달 일 체 법 심 　주 대 회 향 심 　선 결 제 의 심 　영 일
達一切法心과 **住大廻向心**과 **善決諸義心**과 **令一**
체 중 생 　주 무 상 지 심 　생 대 법 광 명 심 　입 일
切衆生으로 **住無上智心**과 **生大法光明心**과 **入一**
체 지 지 심
切智智心이니라

"허망하게 억측하지 않는 마음, 갖가지 참성품을 갖춘 마음, 과보를 바라지 않는 마음, 모든 법을 통달하는

마음, 큰 회향에 머무는 마음, 모든 이치를 잘 결정하는 마음, 일체 중생으로 하여금 위없는 지혜에 머물게 하는 마음, 큰 법의 광명을 내는 마음, 일체 지혜의 지혜에 들어가는 마음이니라."

보살이 보시할 때에 갖춰야 할 마음들을 여러 번 언급하였다. 대개는 베푸는 이와 베푸는 물건과 받는 이의 삼륜三輪이 청정하게 텅 비어야 한다고 가르치지만 보다 구체적으로 자세하게 열거하였다. 이와 같은 마음을 내어 보시를 실천해야 한다.

(9) 선근으로 회향하는 마음

불자 보살마하살 이소집선근 어염념
佛子야 **菩薩摩訶薩**이 **以所集善根**으로 **於念念**

중 여시회향
中에 **如是迴向**하나니

"불자들이여, 보살마하살이 모은 바 선근으로써 잠깐잠깐 동안에 이와 같이 회향하느니라."

보살이 세상에 있는 물건을 다 동원하고 또 생각할 수 있는 것은 모두 열거하면서 보시를 행하여 닦은 선근으로 순간순간 회향하는 내용을 밝혔다. 일체 중생이 재물이 풍족하고, 큰 공덕의 곳집을 얻고, 편안하고 즐겁고, 보살의 훌륭한 업을 더욱 증장하기를 바라는 등의 원을 발하며 회향하는 내용이다.

소 위 원 일 체 중 생　재 보 풍 족　무 소 핍 소
所謂願一切衆生이 **財寶豊足**하야 **無所乏少**하며

"이른바 '원컨대 일체 중생이 재물이 풍족하여 모자람이 없어지이다.' 라고 하느니라."

원 일 체 중 생　성 취 무 진 대 공 덕 장
願一切衆生이 **成就無盡大功德藏**하며

"'원컨대 일체 중생이 그지없는 큰 공덕의 곳집[功德藏]을 성취하여지이다.' 라고 하느니라."

원 일 체 중 생　구 족 일 체 안 은 쾌 락
願一切衆生이 **具足一切安隱快樂**하며

"'원컨대 일체 중생이 모든 편안하고 쾌락함을 구족하여지이다.' 라고 하느니라."

원 일 체 중 생　증 장 보 살 마 하 살 업
願一切衆生이 **增長菩薩摩訶薩業**하며

"'원컨대 일체 중생이 보살마하살의 업業을 증장하여지이다.' 라고 하느니라."

원 일 체 중 생　성 만 무 량 제 일 승 법
願一切衆生이 **成滿無量第一勝法**하며

"'원컨대 일체 중생이 무량하고 제일인 수승한 법을 이루어지이다.' 라고 하느니라."

원 일 체 중 생　득 불 퇴 전 일 체 지 승
願一切衆生이 **得不退轉一切智乘**하며

"'원컨대 일체 중생이 퇴전하지 않는 일체 지혜의 법을 얻어지이다.' 라고 하느니라."

원일체중생 보견시방일체제불
願一切衆生이 **普見十方一切諸佛**하며

"'원컨대 일체 중생이 시방의 일체 모든 부처님을 모두 친견하여지이다.' 라고 하느니라."

원일체중생 영리세간제혹진구
願一切衆生이 **永離世間諸惑塵垢**하며

"'원컨대 일체 중생이 세간의 모든 번뇌와 때를 영원히 여의어지이다.' 라고 하느니라."

원일체중생 개득청정평등지심
願一切衆生이 **皆得淸淨平等之心**하며

"'원컨대 일체 중생이 모두 청정하고 평등한 마음을

얻어지이다.' 라고 하느니라."

원일체중생 이제난처 득일체지
願一切衆生이 **離諸難處**하고 **得一切智**니라

"'원컨대 일체 중생이 모든 험난한 곳을 떠나서 일체 지혜를 얻어지이다.' 라고 하느니라."

보살이 선근을 닦고 그 선근으로 다시 회향하는 내용을 여러 번 밝혔다. 그러나 보살의 중생을 위해 선근을 닦고 그 선근으로 다시 크게 회향하는 일은, 중생이 다하고 중생의 업이 다하고 허공계가 다하고 번뇌가 다하더라도 끝내 다하지 않는다. 그것이 보살의 중생을 향한 비원이다.

(10) 회향하는 바를 밝히다

1〉 십신위十信位를 나타내는 수행

불자 보살마하살 여시회향시 발환희심
佛子야 **菩薩摩訶薩**이 **如是廻向時**에 **發歡喜心**

하나니 爲令一切衆生(위령일체중생)으로 得利益安樂故(득이익안락고)며 爲令一切衆生(위령일체중생)으로 得平等心故(득평등심고)며 爲令一切衆生(위령일체중생)으로 住能捨心故(주능사심고)며

"불자들이여, 보살마하살이 이와 같이 회향할 적에 환희한 마음을 내느니라. 일체 중생으로 하여금 이익과 안락을 얻게 하려는 연고며, 일체 중생으로 하여금 평등한 마음을 얻게 하려는 연고며, 일체 중생으로 하여금 능히 버리는 마음에 머물게 하려는 연고이니라."

보살이 선근을 닦아 회향할 때에 기쁨이 충만하다. 기쁨은 곧 행복이다. 사람들이 그토록 바라는 행복을 보살은 어디서 찾는가. 선근을 닦아 회향할 때 행복하다. 만약 사람이 악한 짓을 저질렀을 때는 그 악이 상대에게 닿기 전에 이미 자신에게 먼저 괴로움이 닥친다. 선과 악의 성질은 이와 같다. 선근을 닦아 회향하는 것은 무슨 일이기에 보살이 기쁨과 행복으로 충만한가. 그 까닭을 110구절로 밝혔다.

먼저 "일체 중생으로 하여금 이익과 안락을 얻게 하려는 연고며, 일체 중생으로 하여금 평등한 마음을 얻게 하려는 연고며, 일체 중생으로 하여금 능히 버리는 마음에 머물게 하려는 연고"라고 시작하였다. 일체 중생이 성숙하여 보살을 닮아 가기 때문이다. 그래서 보살이 기뻐하는 것이다.

청량스님은 소疏에서 "회향하는 바의 뜻을 따라 따로따로 나타내는 내용 중에 위령일체중생爲令一切衆生으로 시작하는 글이 모두 110구절이 있다. 72구절은 원인과 결과를 펼친다는 항포行布의 내용을 이루어서 원인을 닦아 결과에 이르는 뜻이다. 38구절은 원융圓融을 이루어서 원인도 원만하고 결과도 원만함을 밝혔다. 이 두 가지 무애無礙가 회향의 뜻이다."[1]라고 하였다.

항포行布란 '항포문', 구족하게는 '차제次第항포문'이라고 한다. 화엄종에서 수행하는 십주, 십행, 십회향, 십지, 등각, 묘각 등을 세워서 이 차례를 지내며 마지막 이상 경계인 불지佛地에 이른다고 보는 관찰법이다. 반대로 원융문은 십주,

1) {二}明隨義別顯. 總有一百一十句, 文分為二 : 1. 七十二句令成行布, 修因至果. 2. 三十八句令成圓融. 因圓果滿. 此二無礙為迴向意.

십행, 십회향, 십지 중 하나의 지위를 얻으면 그 지위에 일체의 지위가 원융하게 갖춰져 있다고 보는 관찰법이다. 즉 처음 발심한 지위가 곧 정각을 이룬 지위[初發心時便正覺]라고 보는 관찰법이다. 원융문과 항포문은 존재의 본질과 현상의 입장과 같다. 열반경에서는 "처음 발심한 것과 필경의 성불이 서로 다른 것이 아니지만 그러나 그 두 가지 마음 중에 처음 발심이 어렵다."[2] 라고도 하였다.

위령일체중생　주일체시심고　위령일체
爲令一切衆生으로 **住一切施心故**며 **爲令一切**
중생　주환희시심고　위령일체중생　주영
衆生으로 **住歡喜施心故**며 **爲令一切衆生**으로 **住永**
리빈궁시심고　위령일체중생　주일체재보
離貧窮施心故며 **爲令一切衆生**으로 **住一切財寶**
시심고
施心故며

"일체 중생으로 하여금 모든 것을 보시하는 마음에

---

2) 發心畢竟二不別 如是二心先心難.

머물게 하려는 연고며, 일체 중생으로 하여금 환희하게 보시하는 마음에 머물게 하려는 연고며, 일체 중생으로 하여금 영원히 빈궁을 여의는 보시하는 마음에 머물게 하려는 연고며, 일체 중생으로 하여금 모든 보물을 보시하는 마음에 머물게 하려는 연고이니라."

보살이 선근을 닦아 회향할 때에 마음이 기쁨으로 충만한 까닭을 110구절로 설명하였는데 모두가 일체 중생을 이익하게 하고 행복하게 하기 때문이다. 보살은 실로 무엇으로 기쁨이 충만하겠는가. 중생이 기뻐하므로 보살이 기뻐하는 것이다. 유마경에는 "중생이 아프므로 보살이 아프다." 라고 하였다. 반대로 보살은 중생이 이익하고 기뻐하므로 또한 기뻐한다.

중생들이 성숙하여 보살의 선근 회향으로 인하여 중생들도 따라서 모든 것을 보시하려는 마음에 머물게 되며, 환희하게 보시하는 마음에 머물게 되며, 영원히 빈궁을 여의는 보시하는 마음에 머물게 되며, 보물을 보시하는 마음에 머물게 되니 보살이 얼마나 마음이 기쁘겠는가. 자식이 바르고 유능하게 성장하여 부모에게 효도하고 나라에 충성하며 일체 인민에게 큰 이익을 주는 사람이 된다면 그 부모는 얼마나 기쁘겠는가.

위령일체중생 주무수재보시심고 위령
爲令一切衆生으로 **住無數財寶施心故**며 **爲令**
일체중생 주보시무량시일체시심고 위령
一切衆生으로 **住普施無量施一切施心故**며 **爲令**
일체중생 주진미래겁무단시심고
一切衆生으로 **住盡未來劫無斷施心故**며

"일체 중생으로 하여금 무수한 재물을 보시하는 마음에 머물게 하려는 연고며, 일체 중생으로 하여금 널리 보시하고 한량없이 보시하고 모든 것을 보시하는 마음에 머물게 하려는 연고며, 일체 중생으로 하여금 오는 세월이 끝나도록 간단없이 보시하는 마음에 머물게 하려는 연고이니라."

또 보살의 선근 회향으로 인하여 일체 중생이 무수한 재물을 보시하는 마음에 머물게 되며, 널리 보시하고 한량없이 보시하고 모든 것을 보시하는 마음에 머물게 되며, 오는 세월이 끝나도록 간단없이 보시하는 마음에 머물게 되니 보살은 또한 얼마나 기쁘겠는가. 중생들이 성숙하여 이와 같은 마음을 내다니, 보살은 그 기쁨 이길 수 없으리라.

위령일체중생 주일체실사무회무뇌시심
爲令一切衆生으로 **住一切悉捨無悔無惱施心**
고 위령일체중생 주실사일체자생지물시
故며 **爲令一切衆生**으로 **住悉捨一切資生之物施**
심고 위령일체중생 주수순시심고
心故며 **爲令一切衆生**으로 **住隨順施心故**며

"일체 중생으로 하여금 온갖 것을 버리되 후회와 번뇌가 없이 보시하는 마음에 머물게 하려는 연고며, 일체 중생으로 하여금 모든 살림살이의 물건을 모두 버려서 보시하는 마음에 머물게 하려는 연고며, 일체 중생으로 하여금 수순하여 보시하는 마음에 머물게 하려는 연고이니라."

또 보살의 선근 회향으로 인하여 일체 중생이 온갖 것을 버리되 후회와 번뇌가 없이 보시하는 마음에 머물게 되며, 모든 살림살이의 물건을 모두 버려서 보시하는 마음에 머물게 되며, 수순하여 보시하는 마음에 머물게 되니 그 또한 얼마나 기쁘겠는가. 중생들이 성숙하여 보살을 닮아 가는 일이기 때문이다. 즉 중생의 성숙이 보살의 성숙이며, 중생의 기쁨이 보살의 기쁨이기 때문이다.

위령일체중생 주섭취시심고 위령일체
爲令一切衆生으로 **住攝取施心故**며 **爲令一切**
중생 주광대시심고 위령일체중생 주사
衆生으로 **住廣大施心故**며 **爲令一切衆生**으로 **住捨**
무량장엄구공양시심고 위령일체중생 주
無量莊嚴具供養施心故며 **爲令一切衆生**으로 **住**
무착시심고
無着施心故며

"일체 중생으로 하여금 거두어 주어서 보시하는 마음에 머물게 하려는 연고며, 일체 중생으로 하여금 광대하게 보시하는 마음에 머물게 하려는 연고며, 일체 중생으로 하여금 무량한 장엄거리를 버려서 공양하고 보시하는 마음에 머물게 하려는 연고며, 일체 중생으로 하여금 집착이 없이 보시하는 마음에 머물게 하려는 연고이니라."

보살이 보시할 때에 쓰는 마음을 중생이 다 따라서 쓰기 때문에 보살은 당연히 기뻐한다. 중생이 이러이러한 마음에 머무는 것은 곧 보살이 머무는 마음이다. 사람은 자기를 알아주는 사람을 위해서는 어떤 일도 다 한다. 심지어 죽음도 불사한다. 만약 알아주는 것을 넘어 자기의 일을 함께 하겠다고 목숨을 거는 사람이 있다면 얼마나 기쁘고 즐겁겠는가. 기쁨을 넘어서 일체를 다 바칠 것이다. 그 일이 만인을 정직하고 선량하고 행복한 길로 이끌어 가는 일이라면 보살은 아마도 물불을 가리지 않을 것이다.

위령일체중생 주평등시심고 위령일체
爲令一切衆生으로 **住平等施心故**며 **爲令一切**

중생　　주여금강극대력시심고　위령일체중
衆生으로 住如金剛極大力施心故며 爲令一切衆

생　　주여일광명시심고　위령일체중생　　주
生으로 住如日光明施心故며 爲令一切衆生으로 住

섭여래지시심고
攝如來智施心故니라

"일체 중생으로 하여금 평등하게 보시하는 마음에 머물게 하려는 연고며, 일체 중생으로 하여금 금강金剛처럼 아주 큰 힘으로 보시하는 마음에 머물게 하려는 연고며, 일체 중생으로 하여금 태양의 광명과 같이 보시하는 마음에 머물게 하려는 연고며, 일체 중생으로 하여금 여래의 지혜를 포섭하고 보시하는 마음에 머물게 하려는 연고이니라."

보살이 선근을 닦아 회향할 때에 기쁨으로 충만한 것은 일체 중생이 평등하게 보시하는 마음에 머물게 되며, 금강金剛처럼 아주 큰 힘으로 보시하는 마음에 머물게 되며, 태양의 광명과 같이 보시하는 마음에 머물게 되며, 여래의 지혜를 포섭하고 보시하는 마음에 머물게 되기 때문이다.

청량스님은 소疏에서 "72구절이 항포行布를 이루어서 원인을 닦아 결과에 이르게 하는 것에 여섯이 있는데, 그 처음 21구절은 선근을 닦아 삼현三賢의 앞인 십신十信의 행에 나아가는 것이다. 그러나 순전히 보시의 행만을 밝혔다. 또 초抄에서는 삼현三賢의 앞인 십신十信의 행이란 곧 원융한 십신위十信位이다."[3] 라고 하였다.

2〉 종성위種性位인 십주위十住位의 수행

위령일체중생　선근권속　구족고　위령
爲令一切衆生으로 **善根眷屬**이 **具足故**며 **爲令**
일체중생　선근지혜　상현재전고　위령일
一切衆生으로 **善根智慧**가 **常現在前故**며 **爲令一**
체중생　득불가괴정심원만고
切衆生으로 **得不可壞淨心圓滿故**며

"일체 중생으로 하여금 선근의 권속을 구족케 하려는 연고며, 일체 중생으로 하여금 선근의 지혜가 항상

---

3) 1. 七十二句令成行布. 修因至果有六 : (1)二十一句為令修善趣賢首位之行. 然純明施行.【善趣賢首位之行】者, 圓融十信位也.

앞에 나타나게 하려는 연고며, 일체 중생으로 하여금 깨뜨릴 수 없는 청정한 마음이 원만함을 얻게 하려는 연고이니라."

십주위十住位가 왜 여래 종성위種性位인가. 십주의 첫 주가 초발심주初發心住이다. 곧 처음 보리심을 발하면 정각이 되기 때문이다. 정각은 여래의 종성이기 때문에 그렇게 표현한다. 110구절에서 이하의 열 구절은 종성위인 십주위의 수행을 표현하였다. 보살이 선근을 닦아 회향할 때 환희심을 일으키는 까닭을 열거하면서 십신위에서 불과위佛果位까지의 수행과 배대配對하여 본 것이다.

보살이 선근을 닦아 회향할 때 일체 중생이 선근의 권속을 구족하게 되며, 선근의 지혜가 항상 앞에 나타나게 되며, 깨뜨릴 수 없는 청정한 마음이 원만함을 얻게 되기 때문에 기뻐하는 것이다.

위령일체중생　　성취최승청정선근고　위
爲令一切衆生으로 **成就最勝淸淨善根故**며 **爲**

령 일 체 중 생　　어 번 뇌 수 면 중　득 각 오 고　위
令一切衆生으로 於煩惱睡眠中에 得覺悟故며 爲

령 일 체 중 생　　멸 제 일 체 제 의 혹 고
令一切衆生으로 滅除一切諸疑惑故며

"일체 중생으로 하여금 가장 수승하고 청정한 선근을 성취케 하려는 연고며, 일체 중생으로 하여금 번뇌와 잠자는 속에서 깨달음을 얻게 하려는 연고며, 일체 중생으로 하여금 일체 모든 의혹을 멸하게 하려는 연고이니라."

보살이 선근을 닦아 회향하면 열거한 내용과 같이 일체 중생에게 큰 이익이 있으며 큰 깨달음이 있으므로 환희하는 것이다.

위 령 일 체 중 생　　득 평 등 지 혜 정 공 덕 고　위
爲令一切衆生으로 得平等智慧淨功德故며 爲

령 일 체 중 생　　공 덕 원 만　　무 능 괴 자 고　위
令一切衆生으로 功德圓滿하야 無能壞者故며 爲

령일체중생　　구족청정부동삼매고　위령일
令一切衆生으로 具足淸淨不動三昧故며 爲令一

체중생　　주불가괴일체지지고
切衆生으로 住不可壞一切智智故니라

"일체 중생으로 하여금 평등한 지혜와 청정한 공덕을 얻게 하려는 연고며, 일체 중생으로 하여금 공덕이 원만하여 파괴할 이가 없게 하려는 연고며, 일체 중생으로 하여금 청정하고 동요하지 않는 삼매를 구족케 하려는 연고며, 일체 중생으로 하여금 깨뜨릴 수 없는 일체 지혜의 지혜에 머물게 하려는 연고이니라."

선근 회향에 이와 같은 소득이 있으므로 보살은 환희하는 것이다. 이상의 열 구절로 십주위가 되는 여래 종성의 수행을 설하여 마쳤다.

3〉 해행위解行位의 수행

위령일체중생　　성만보살무량청정신통행
爲令一切衆生으로 成滿菩薩無量淸淨神通行

고 위령일체중생 수집무착선근고 위령
故며 爲令一切衆生으로 修集無着善根故며 爲令

일체중생 염거래금일체제불심청정고
一切衆生으로 念去來今一切諸佛心淸淨故며

"일체 중생으로 하여금 보살의 한량없이 청정한 신통의 행을 이루게 하려는 연고며, 일체 중생으로 하여금 집착이 없는 선근을 닦아 모으게 하려는 연고며, 일체 중생으로 하여금 과거 미래 현재의 일체 모든 부처님의 마음이 청정함을 생각하게 하려는 연고이니라."

청량스님은 소疏에 "열 구절은 해행위解行位의 수행을 뜻한다. 해행解行은 비록 십주와 십행과 십회향에 통하지만 지금은 십행과 십회향 2위를 취한 것이다."[4]라고 분석하였다. 아무튼 보살이 선근을 닦아 회향하면서 환희하는 까닭을 110구절로 표현한 내용 중의 열 구절이라고 단순하게 이해하면 된다. 보살은 오로지 중생의 교화와 성숙을 위해 계시

4) (3)有十句令成解行位中修行. 第十云【無量】者. 四等也.【解行】雖通三賢. 今正取行向二位故.

기 때문에 중생이 성숙하면 환희할 수밖에 없다. 110종의 연고는 보살이 중생에게 바라는 기대들이다. 보살이 자신에게 바라는 바는 없으나 중생에게 바라는 바는 이와 같이 많다. 부모들은 자기가 잘되기를 바라지는 않으나 자식이 잘되기를 바라는 마음은 매우 크다.

위령일체중생　　출생청정승선근고　위령
爲令一切衆生으로 **出生淸淨勝善根故**며 **爲令**
일체중생　　멸제일체마소작업장도법고　위
一切衆生으로 **滅除一切魔所作業障道法故**며 **爲**
령일체중생　　구족무애청정평등공덕법고
令一切衆生으로 **具足無礙淸淨平等功德法故**며

"일체 중생으로 하여금 청정하고 수승한 선근을 내게 하려는 연고며, 일체 중생으로 하여금 모든 마군이 짓는 업業과 도道를 장애하는 법을 소멸하게 하려는 연고며, 일체 중생으로 하여금 걸림 없이 청정하고 평등한 공덕의 법을 구족케 하려는 연고이니라."

위령일체중생 이광대심 상념제불
爲令一切衆生으로 以廣大心으로 常念諸佛하야

무해폐고 위령일체중생 상근제불 근
無懈廢故며 爲令一切衆生으로 常近諸佛하야 勤

공양고 위령일체중생 광개일체제선근문
供養故며 爲令一切衆生으로 廣開一切諸善根門

보능원만백정법고 위령일체중생 무량
하야 普能圓滿白淨法故며 爲令一切衆生으로 無量

심광대심최승심 실청정고
心廣大心最勝心이 悉淸淨故니라

"일체 중생으로 하여금 광대한 마음으로 모든 부처님을 항상 생각하여 게으름이 없게 하려는 연고며, 일체 중생으로 하여금 항상 모든 부처님을 가까이하여 부지런히 공양하게 하려는 연고며, 일체 중생으로 하여금 일체 모든 선근의 문을 활짝 열고 희고 깨끗한 법을 두루 원만하게 하려는 연고며, 일체 중생으로 하여금 무량한 마음과 광대한 마음과 가장 수승한 마음을 모두 청정하게 하려는 연고이니라."

위의 열 구절로 해행위의 수행을 이루는 것을 설하여 마쳤다. 즉 중생에게 해행위를 수행하게 하려고 보살은 선근을 닦아 회향하고 환희하는 것이다.

4〉 십지위十地位의 십바라밀 수행

위령일체중생　성취청정등시심고　위령
爲令一切衆生으로 **成就淸淨等施心故**며 **爲令**

일체중생　봉지제불시바라밀　등청정고
一切衆生으로 **奉持諸佛尸波羅蜜**하야 **等淸淨故**며

위령일체중생　득대감인바라밀고
爲令一切衆生으로 **得大堪忍波羅蜜故**며

"일체 중생으로 하여금 청정하고 평등하게 보시하는 마음을 성취하게 하려는 연고며, 일체 중생으로 하여금 모든 부처님의 지계持戒바라밀다를 받들어 지녀 청정하게 하려는 연고며, 일체 중생으로 하여금 크게 견디고 참는 바라밀다를 얻게 하려는 연고이니라."

보살이 선근을 닦아 회향할 때 중생으로 하여금 십바라밀을 모두 성취하게 하려는 까닭에 기뻐함을 밝혔다. 보시

와 지계와 인욕 바라밀이다.

위령일체중생　주정진바라밀　상무해
爲令一切衆生으로 住精進波羅蜜하야 常無懈

고　위령일체중생　주무량정　능기종종
故며 爲令一切衆生으로 住無量定하야 能起種種

신통지고　위령일체중생　득지일체법무체
神通智故며 爲令一切衆生으로 得知一切法無體

성반야바라밀고
性般若波羅蜜故며

"일체 중생으로 하여금 정진바라밀다에 머물러 항상 게으름이 없게 하려는 연고며, 일체 중생으로 하여금 무량한 선정禪定에 머물러 갖가지 신통한 지혜를 일으키게 하려는 연고며, 일체 중생으로 하여금 일체 법이 체성이 없음을 아는 반야바라밀다를 얻게 하려는 연고이니라."

정진과 선정과 반야 바라밀이다.

위령일체중생　　원만무변정법계고　위령
爲令一切衆生으로 圓滿無邊淨法界故며 爲令

일체중생　　성만일체신통청정선근고　위령
一切衆生으로 成滿一切神通淸淨善根故며 爲令

일체중생　　주평등행　　적집선법　　실원만
一切衆生으로 住平等行하야 積集善法하야 悉圓滿

고　위령일체중생　　선입일체제불경계　　실
故며 爲令一切衆生으로 善入一切諸佛境界하야 悉

주변고
周徧故니라

"일체 중생으로 하여금 그지없이 청정한 법계를 원만케 하려는 연고며, 일체 중생으로 하여금 일체 신통과 청정한 선근을 원만히 이루려는 연고며, 일체 중생으로 하여금 평등한 행行에 머물러 선善한 법을 모아서 모두 원만케 하려는 연고며, 일체 중생으로 하여금 일체 모든 부처님의 경계에 잘 들어가서 모두 두루 하게 하려는 연고이니라."

방편과 원력과 힘과 지 바라밀을 뜻한다. 이와 같이 중생으로 하여금 십바라밀을 성취하게 하기 위하여 선근을 회향하며, 그와 같은 회향으로 환희하는 것이다.

5〉 등각위等覺位의 수행

위령일체중생　신구의업　보청정고　위
爲令一切衆生으로 身口意業이 普淸淨故며 爲
령일체중생　선업과보　보청정고　위령일
令一切衆生으로 善業果報가 普淸淨故며 爲令一
체중생　요달제법　보청정고
切衆生으로 了達諸法하야 普淸淨故며

"일체 중생으로 하여금 몸과 입과 뜻으로 짓는 업業을 다 청정케 하려는 연고며, 일체 중생으로 하여금 선한 업의 과보果報를 다 청정케 하려는 연고며, 일체 중생으로 하여금 모든 법을 통달하여 다 청정케 하려는 연고이니라."

이하의 열 구절은 등각위의 수행을 이루는 내용이다. 지위가 높기 때문에 모두 '널리, 두루, 다, 모두'라는 뜻의 보普자가 있다. 또 청정이란 '뛰어나게, 훌륭하게, 텅 비게'라는 뜻이다. 중생으로 하여금 삼업과 선업의 과보와 제법의 통달을 모두 청정하게 하려는 것이다. 역시 보살이 회향하고 환희하는 까닭을 밝혔다.

위령일체중생 요달실의 보청정고 위
爲令一切衆生으로 **了達實義**하야 **普淸淨故**며 **爲**
령일체중생 수제승행 보청정고 위령일
令一切衆生으로 **修諸勝行**하야 **普淸淨故**며 **爲令一**
체중생 성취일체보살대원 보청정고
切衆生으로 **成就一切菩薩大願**하야 **普淸淨故**며

"일체 중생으로 하여금 진실한 이치를 통달하여 다 청정케 하려는 연고며, 일체 중생으로 하여금 모든 수승한 행을 닦아 다 청정케 하려는 연고며, 일체 중생으로 하여금 일체 보살의 큰 서원을 성취하여 다 청정케 하려는 연고이니라."

일체 중생으로 하여금 진실한 이치를 다 통달하도록, 수승한 행을 닦도록, 모든 보살의 큰 서원을 성취하도록 하려

고 보살이 선근을 닦아 회향하고 기뻐한다.

위령일체중생 증득일체공덕지혜 보
爲令一切衆生으로 證得一切功德智慧하야 普

청정고 위령일체중생 성취일체동체선근
淸淨故며 爲令一切衆生으로 成就一切同體善根

회향출생일체지승 보원만고 위령일
하고 廻向出生一切智乘하야 普圓滿故며 爲令一

체중생 엄정일체제불국토 보원만고 위
切衆生으로 嚴淨一切諸佛國土하야 普圓滿故며 爲

령일체중생 견일체불 이무소착 보
令一切衆生으로 見一切佛호대 而無所着하야 普

원만고
圓滿故니라

"일체 중생으로 하여금 모든 공덕과 지혜를 증득하여 다 청정케 하려는 연고며, 일체 중생으로 하여금 모든 체성體性이 같은 선근善根을 성취하고 회향하여 일체 지혜의 법을 내어서 다 원만케 하려는 연고며, 일체 중생으로 하여금 일체 모든 부처님의 국토를 장엄하여 다 원만케 하려는 연고며, 일체 중생으로 하여금 모든 부처님을 뵈옵고 집착함이 없이 다 원만케 하려는 연고이니라."

여기까지 등각위의 수행을 이룬 것을 밝혔다. 일체 중생이 모든 공덕과 지혜를 증득하게 되면 보살에게 그보다 기쁜 일은 없을 것이다. 또 일체 모든 부처님의 국토를 장엄하여 다 원만하게 되면 그보다 기쁜 일은 없을 것이다. 또 모든 부처님을 뵈옵고 집착함이 없이 다 원만케 할 만치 성숙하게 되면 그보다 기쁜 일은 없을 것이다. 이것이 보살의 보람이기 때문이다.

6〉 불과위佛果位의 수행

위령일체중생　구제상호공덕장엄　보
爲令一切衆生으로 具諸相好功德莊嚴하야 普

원만고　위령일체중생　득육십종음성　발
圓滿故며 爲令一切衆生으로 得六十種音聲하야 發

언성체　개가신수　백천종법　이이장엄
言誠諦하야 皆可信受하고 百千種法으로 而以莊嚴

여래무애공덕묘음 실원만고
하야 如來無礙功德妙音이 悉圓滿故며

"일체 중생으로 하여금 모든 상호相好와 공덕 장엄을 갖추어 다 원만케 하려는 연고며, 일체 중생으로 하여금 60가지 음성을 얻어 말이 진실하여 모두 믿으며 백천 가지의 법으로 장엄하여 여래의 걸림 없는 공덕의 아름다운 음성을 다 원만케 하려는 연고이니라."

청량스님은 소疏에서 "이하의 열한 구절은 불과위佛果位의 수행을 이루는 내용에 배대하였다. 60가지의 음성에 대해서는 제10 회향에서 설하였다. 그 문장에 이르면 마땅히 알 것이다."[5]라고 하였다.

보살이 보시하고 회향할 때 환희하는 것은 일체 중생으로 하여금 불과위까지 수행하여 이르게 하려는 까닭에 그렇다. 예컨대 상호相好와 공덕 장엄을 갖추어 다 원만하게 되고, 60가지 음성을 얻어 말이 진실하여 모두 믿으며, 백천 가지의 법으로 장엄하여 여래의 걸림 없는 공덕의 아름다운 음

5) (6)十一句令成佛果位中行. 言【六十種音】者. 第十迴向有而不具. 至文當知.

성을 다 원만하게 되어서 환희하는 것이다.

위령일체중생　성취십력장엄무애평등심
爲令一切衆生으로 **成就十力莊嚴無礙平等心**

고　위령일체중생　득일체불무진법명　일
故며 **爲令一切衆生**으로 **得一切佛無盡法明**하야 **一**

체변재　보원만고　위령일체중생　득무상
切辯才가 **普圓滿故**며 **爲令一切衆生**으로 **得無上**

무외인중지웅사자후고
無畏人中之雄獅子吼故며

"일체 중생으로 하여금 십력十力으로 장엄하여 걸림없이 평등한 마음을 성취케 하려는 연고며, 일체 중생으로 하여금 일체 부처님의 다함없는 법法의 밝음[法明]을 얻어 온갖 변재辯才를 다 원만케 하려는 연고며, 일체 중생으로 하여금 위가 없고 두려움이 없는 사람 중의 영웅으로서 사자후獅子吼함을 얻게 하려는 연고이니라."

보살마하살이 온갖 선근을 닦아 일체 중생에게 회향할 때에 환희심을 발하게 되는 까닭을 밝힌 110구절이 계속

된다.

위령일체중생 득일체지 전불퇴전무
爲令一切衆生으로 得一切智하야 轉不退轉無

진법륜고 위령일체중생 요일체법 개
盡法輪故며 爲令一切衆生으로 了一切法하야 開

시연설 보원만고 위령일체중생 이시
示演說하야 普圓滿故며 爲令一切衆生으로 以時

수습청정선법 보원만고
修習淸淨善法하야 普圓滿故며

"일체 중생으로 하여금 일체 지혜를 얻고 퇴전하지 않는 다함없는 법의 수레를 운전케 하려는 연고며, 일체 중생으로 하여금 온갖 법을 알고 열어 보이며 연설하여 다 원만케 하려는 연고며, 일체 중생으로 하여금 때를 따라 청정한 선법을 닦아서 다 원만케 하려는 연고이니라."

"일체 중생으로 하여금 일체 지혜를 얻고 퇴전하지 않는 다함없는 법의 수레를 운전케 하려는 연고"라고 하면 그 속에 수많은 뜻이 포함되어 있다. 그러나 반복하고 또 반복함으로 의식을 통해서 무의식에까지 이르게 한다. 이와 같이 반복하는 것은 의식의 훈련이다. 수행이란 생각과 감정과 오감을 무한히 반복하는 일이다.

위령일체중생 성취도사무상법보 등
爲令一切衆生으로 **成就導師無上法寶**하야 **等**
청정고 위령일체중생 어일장엄무량장엄
淸淨故며 **爲令一切衆生**으로 **於一莊嚴無量莊嚴**
대장엄제불장엄 보원만고 위령일체중생
大莊嚴諸佛莊嚴에 **普圓滿故**며 **爲令一切衆生**으로
등입삼세소유경계 실주변고
等入三世所有境界하야 **悉周徧故**니라

"일체 중생으로 하여금 도사導師의 위없는 법보法寶를 성취하여 평등하고 청정하게 하려는 연고며, 일체 중생으로 하여금 한 장엄과 무량한 장엄과 큰 장엄과 모든 부처님의 장엄을 다 원만케 하려는 연고며, 일체 중생으로 하여금 삼세에 있는 경계에 평등하게 들어가 다 두루 하게 하려는 연고이니라."

보살이 회향할 때 환희하는 것은 또 "일체 중생으로 하여금 도사導師의 위없는 법보法寶를 성취하여 평등하고 청정하게 하려는 연고" 때문이다. 또 "한 장엄과 무량한 장엄과 큰 장엄과 모든 부처님의 장엄을 다 원만케 하려는 연고" 때문이다.

7〉 종성위種性位의 인행이 원만함

위령일체중생　실능왕예일체불찰　청
爲令一切衆生으로 **悉能往詣一切佛刹**하야 **聽**

수정법　무불변고　위령일체중생　지혜이
受正法하야 **無不徧故**며 **爲令一切衆生**으로 **智慧利**

익　위세소종　여불등고
益이 **爲世所宗**하야 **與佛等故**며

"일체 중생으로 하여금 모든 부처님의 세계에 나아가 바른 법을 듣고 두루 하지 못함이 없게 하려는 연고며, 일체 중생으로 하여금 지혜와 이익이 세상에서 숭상함이 되어 부처님과 평등하게 하려는 연고이니라."

청량스님은 소疏에서 "이하의 38구절은 원융을 밝히는 내용이다. 원인도 원만하고 불과佛果도 원만함을 행하여 낱낱 지위에 불과의 뜻이 있음을 밝힌 것이다. 처음 열 구절은 중생으로 하여금 부처님 종성의 지위에서 원인의 수행이 원만하게 한 것이다."[6] 라고 하였다. "일체 중생으로 하여금 지혜와 이익이 세상에서 숭상함이 되어 부처님과 평등하게 하려는 연고이니라."라는 설법은 더 이상의 원이 있을 수 없는 최궁극의 원이다. 보살의 회향은 이와 같이 위대하다.

위령일체중생　이일체지　지일체법　보
爲令一切衆生으로 **以一切智**로 **知一切法**하야 **普**
원만고　위령일체중생　행부동업　득무
圓滿故며 **爲令一切衆生**으로 **行不動業**하고 **得無**
애과　보원만고
礙果하야 **普圓滿故**며

"일체 중생으로 하여금 온갖 지혜로써 모든 법을 알

---

6) 2. 三十八句明圓融. 行因圓果滿. 明位位中有佛義故. (1)初十句令眾生於種性位, 因行圓滿.

아 다 원만케 하려는 연고며, 일체 중생으로 하여금 부동不動하는 업業을 행하여 걸림 없는 과果를 얻어 다 원만케 하려는 연고이니라."

위령일체중생 소유제근 함득신통 능
爲令一切衆生으로 所有諸根이 咸得神通하야 能
지일체중생근고 위령일체중생 득무차별
知一切衆生根故며 爲令一切衆生으로 得無差別
평등지혜 어일상법 보청정고
平等智慧하야 於一相法에 普淸淨故며

"일체 중생으로 하여금 여러 근根에서 신통을 얻어 일체 중생의 근성根性을 알게 하려는 연고며, 일체 중생으로 하여금 차별 없고 평등한 지혜를 얻어 한 모양인 법法에 다 청정케 하려는 연고이니라."

위령일체중생 여리무위 일체선근 실
爲令一切衆生으로 與理無違하야 一切善根이 悉

구 족 고　위 령 일 체 중 생　　어 일 체 보 살 자 재 신
具足故며 **爲令一切衆生**으로 **於一切菩薩自在神**

통　실 명 달 고
通에 **悉明達故**며

"일체 중생으로 하여금 이치와 어기지 않는 모든 선근을 다 구족케 하려는 연고며, 일체 중생으로 하여금 모든 보살의 자재한 신통을 환히 통달케 하려는 연고이니라."

위 령 일 체 중 생　　득 일 체 불 무 진 공 덕　　약
爲令一切衆生으로 **得一切佛無盡功德**하야 **若**

복 약 지　실 평 등 고　위 령 일 체 중 생　　발 보 리
福若智가 **悉平等故**며 **爲令一切衆生**으로 **發菩提**

심　　해 일 체 법 평 등 일 상　　무 유 결 고
心하야 **解一切法平等一相**하야 **無遺缺故**니라

"일체 중생으로 하여금 모든 부처님의 다함없는 공덕을 얻어 복이나 지혜를 다 평등케 하려는 연고며, 일체 중생으로 하여금 보리심菩提心을 내고 모든 법의 평등한 한 모양을 알아서 결함이 없게 하려는 연고이니라."

위의 열 구절은 중생으로 하여금 부처님 종성의 지위에서 원인의 수행이 원만하게 함을 밝힌 내용이다. 다시 부연하면 발심이 곧 정각이며, 정각은 곧 발심에서 비롯되었음을 밝히는 것이다.

8〉 해행위解行位의 인과가 원만함

위령일체중생 요달정법 위세최상복
爲令一切衆生으로 **了達正法**하야 **爲世最上福**

덕전고 위령일체중생 성취평등청정대비
德田故며 **爲令一切衆生**으로 **成就平等淸淨大悲**

위제시자 대력전고
하야 **爲諸施者**의 **大力田故**며

"일체 중생으로 하여금 바른 법을 통달하여 세상에서 가장 높은 복덕의 밭이 되게 하려는 연고며, 일체 중생으로 하여금 평등하고 청정한 대비大悲를 이루어 모든 보시하는 이의 큰 힘을 가진 밭[大力田]이 되게 하려는 연고이니라."

청량스님은 소疏에서 "아래의 열 구절은 해행위解行位의 인과가 원만함을 밝힌 것이며, 두 번째 '큰 힘을 가진 밭[大力田]'이란 작은 종자의 선근을 심어서 능히 큰 미혹을 파괴하기 때문이다."[7] 라고 하였다.

"바른 법을 통달하면 세상에서 가장 높은 복덕의 밭이 된다." 불교의 정법을 공부하고 정법을 널리 펼치려고 노력하는 사람들에게 이 얼마나 큰 힘이 되며 큰 위안이 되는가. 또 작은 선근으로도 큰 미혹을 파괴하니 얼마나 대단한 이익인가. 선근을 회향하는 데는 그와 같은 까닭이 있으므로 보살이 몸과 마음을 다하는 것이다.

위령일체중생 견고제일 무능저괴고
爲令一切衆生으로 **堅固第一**이라 **無能沮壞故**며

위령일체중생 견필몽익 무능최복고
爲令一切衆生으로 **見必蒙益**하야 **無能摧伏故**며

"일체 중생으로 하여금 견고함이 제일이어서 능히

7) (2)十句令解行位中. 因圓果滿 : 二云【大力田】者, 謂於其中種少善根能壞大惑故.

파괴할 이가 없게 하려는 연고며, 일체 중생으로 하여금 보고는 반드시 이익이 되게 하여 능히 꺾을 이가 없게 하려는 연고이니라."

왜 견고함이 제일인가. 자비와 지혜와 큰 원력이 있는 사람을 세상에서는 아무도 이길 사람이 없기 때문이다. 부처님을 복덕과 지혜가 만족한 분이라고 표현한다. 복덕과 지혜가 만족한 분의 마음은 곧 보리심이며 곧 불심佛心이다. 불심은 자비와 지혜와 원력이다. 참다운 불심이 있는 사람은 누구도 이길 수가 없다.

다음 구절의 "보고는 반드시 이익이 되게 한다."는 견필몽익見必蒙益은 나옹스님의 발원문 "나를 보는 이는 해탈을 얻어지이다."라는 견아형자득해탈見我形者得解脫과 같은 뜻이다.

위령일체중생 성만최승평등심고 위령
爲令一切衆生으로 **成滿最勝平等心故**며 **爲令**

일체중생 선능요달일체제법 득대무외
一切衆生으로 **善能了達一切諸法**하야 **得大無畏**

고
故며

"일체 중생으로 하여금 가장 수승하고 평등한 마음을 이루게 하려는 연고며, 일체 중생으로 하여금 모든 법을 잘 통달하여 크게 두려움이 없음을 얻게 하려는 연고이니라."

위령일체중생 방일광명 보조시방일
爲令一切衆生으로 **放一光明**하야 **普照十方一**
체세계고 위령일체중생 보수일체보살정
切世界故며 **爲令一切衆生**으로 **普修一切菩薩精**
진행 무해퇴고
進行하야 **無懈退故**며

"일체 중생으로 하여금 한 광명을 놓아 시방의 모든 세계를 두루 비추게 하려는 연고며, 일체 중생으로 하여금 모든 보살의 정진하는 행을 두루 닦아 게으름이 없게 하려는 연고이니라."

한 광명을 놓아 시방의 모든 세계를 두루 비추게 하려는 연고로 보살이 선근을 닦아 회향한다. 보살의 회향은 이와 같이 위대하다.

위령일체중생　이일행원　보만일체제
爲令一切衆生으로 以一行願으로 普滿一切諸
행원고　위령일체중생　이일묘음　보사문
行願故며 爲令一切衆生으로 以一妙音으로 普使聞
자　개득해고
者로 皆得解故니라

"일체 중생으로 하여금 한 가지 행行과 원願으로써 모든 행과 원을 두루 만족케 하려는 연고며, 일체 중생으로 하여금 한 가지 아름다운 음성으로써 널리 듣는 이로 하여금 모두 이해하게 하려는 연고이니라."

일체 중생으로 하여금 한 가지 행行과 원願으로써 모든 행과 원을 두루 만족케 하려는 연고로 보살마하살이 선근을 닦아 회향하여 환희한다고 하였다. 환희는 기쁨이며 행복이다. 보살은 일체 중생이 성숙하여 다시 일체 중생을 위한 행원을 만족하게 실천할 때 기쁘고 행복하다.

9〉 십지위十地位의 인행이 원만함

위령일체중생 실능구족일체보살청정심
爲令一切衆生으로 **悉能具足一切菩薩清淨心**

고 위령일체중생 보득치우제선지식 함
故며 **爲令一切衆生**으로 **普得值遇諸善知識**하야 **咸**

승사고
承事故며

"일체 중생으로 하여금 모든 보살의 청정한 마음을 모두 구족케 하려는 연고며, 일체 중생으로 하여금 널리 선지식善知識을 만나서 받들어 섬기게 하려는 연고이니라."

이하의 여덟 구절은 십지위十地位의 인행을 원만하게 하는 설법이다. 보살이 선근을 닦아 회향할 때 기쁨과 행복을 느끼는 까닭을 계속하여 밝힌다. 일체 중생으로 하여금 모든 보살의 청정한 마음을 모두 구족하게 하면 보살은 행복하다. 또 일체 중생으로 하여금 널리 선지식善知識을 만나서 받들어 섬기게 하면 보살은 행복하다. 일체 중생이 출세간의 뛰어난 선행을 하는데 보살이 왜 기쁘고 행복한가. 보살이기 때문이다. 그것은 보살만이 누리는 행복이다.

위령일체중생 수보살행 조복중생
爲令一切衆生으로 修菩薩行하야 調伏衆生하야

불휴식고 위령일체중생 이묘변재 구일
不休息故며 爲令一切衆生으로 以妙辯才로 具一

체음 수기광연 무단진고
切音하야 隨機廣演하야 無斷盡故며

"일체 중생으로 하여금 보살의 행을 닦으며 중생을 조복하여 쉬지 않게 하려는 연고며, 일체 중생으로 하여금 묘한 변재辯才로 모든 음성을 갖추어 근기根機를 따라 연설하되 끊어짐이 없게 하려는 연고이니라."

위령일체중생 능이일심 지일체심
爲令一切衆生으로 能以一心으로 知一切心하야

이일체선근 등회향고 위령일체중생 상
以一切善根으로 等廻向故며 爲令一切衆生으로 常

락적집일체선근 안립중생어정지고
樂積集一切善根하야 安立衆生於淨智故며

"일체 중생으로 하여금 한 마음으로 온갖 마음을 알고 모든 선근으로 평등하게 회향하게 하려는 연고며, 일체 중생으로 하여금 모든 선근을 항상 모아서 중생을 깨끗한 지혜에 나란히 서게 하려는 연고이니라."

위령일체중생 득일체지복덕지혜청정신
爲令一切衆生으로 得一切智福德智慧淸淨身

고 위령일체중생 선지일체중생선근 관
故며 爲令一切衆生으로 善知一切衆生善根하야 觀

찰회향 보성취고
察廻向하야 普成就故니라

"일체 중생으로 하여금 일체 지혜로 복덕과 지혜의 청정한 몸을 얻게 하려는 연고며, 일체 중생으로 하여금 모든 중생의 선근을 알아서 관찰하고 회향함을 두루 성취케 하려는 연고이니라."

복덕과 지혜의 청정한 몸을 얻으려면 먼저 차별을 아는 지혜와 평등을 아는 지혜인 일체 지혜가 있어야 한다. 일체 지혜가 있고 나서 복덕과 지혜의 청정한 부처님 몸을 얻는다. 보살은 중생들이 이와 같이 성숙할 때 비로소 기쁘고 환희하고 행복하다.

10〉 불과佛果가 원만함

위령일체중생　득일체지　성등정각
爲令一切衆生으로 **得一切智**하야 **成等正覺**하야

보원만고　위령일체중생　득구족신통지
普圓滿故며 **爲令一切衆生**으로 **得具足神通智**하야

어일처출흥　일체제처　개출흥고
於一處出興하야 **一切諸處**에 **皆出興故**며

"일체 중생으로 하여금 일체 지혜를 얻고 등정각等正覺을 이루어 두루 원만케 하려는 연고며, 일체 중생으로 하여금 구족한 신통과 지혜를 얻어 한 곳에서 출현하면 모든 곳에서 다 출현케 하려는 연고이니라."

110구절 가운데 마지막 열 구절은 불과佛果가 원만한 수행을 밝혔다. 불과가 원만하다는 것은 완벽한 부처님의 경지에 이름을 뜻한다. 보살은 선근을 닦아 회향할 때에 이와 같이 일체 중생으로 하여금 궁극적으로 불과를 원만하게 하려는 뜻에서 환희하고 기뻐하고 행복해한다. 중생으로 하여금 일체 지혜를 얻고 등정각等正覺을 이루어 두루 원만케 한다는 것이 그것이다. 또 일체 중생이 구족한 신통과 지혜를 얻어 한 곳에서 출현하면 모든 곳에서 다 출현케 하려는 것이 그것이다. 즉 일체 중생도 부처님과 같이 보리수나무 밑을 떠나지 않은 채 시방세계 곳곳에 다 나타나게 하고자 함이다.

위령일체중생 득보장엄지 엄정일중
爲令一切衆生으로 **得普莊嚴智**하야 **嚴淨一衆**

회 일체중회 개엄정고 위령일체중생 어
會에 **一切衆會**가 **皆嚴淨故**며 **爲令一切衆生**으로 **於**

일불국토 보견일체불국토고
一佛國土에 **普見一切佛國土故**며

"일체 중생으로 하여금 두루 장엄하는 지혜를 얻어 한 대중의 모임을 장엄하여 모든 대중의 모임을 다 장엄케 하려는 연고며, 일체 중생으로 하여금 한 부처님의 국토에서 모든 부처님의 국토를 다 보게 하려는 연고이니라."

한 대중의 모임을 장엄하여 모든 대중의 모임을 다 장엄케 하려는 것과 한 부처님의 국토에서 모든 부처님의 국토를 다 보게 하려는 것도 역시 사사무애의 이치를 자유롭게 수용하게 하려는 뜻이다.

위령일체중생　이일체장엄구　불가설장
爲令一切衆生으로 **以一切莊嚴具**와 **不可說莊**
엄구　무량장엄구　무진장엄구　장엄일체제
嚴具와 **無量莊嚴具**와 **無盡莊嚴具**로 **莊嚴一切諸**
불국토　보주변고　위령일체중생　어일
佛國土하야 **普周徧故**며 **爲令一切衆生**으로 **於一**

체법　실능결료심심의고
切法에 **悉能決了甚深義故**며

"일체 중생으로 하여금 모든 장엄거리와 말할 수 없는 장엄거리와 한량없는 장엄거리와 다하지 않는 장엄거리로써 모든 부처님의 국토를 장엄하여 두루 가득하게 하려는 연고며, 일체 중생으로 하여금 모든 법에서 깊고 깊은 이치를 다 능히 분명히 알게[決了] 하려는 연고이니라."

보살이 선근을 닦아 회향할 때에 환희하는 것은 무수한 장엄거리로 모든 부처님의 국토를 장엄하여 두루 가득하게 하려는 연고다. 또 일체 중생으로 하여금 모든 법에서 깊고 깊은 이치를 다 능히 분명히 알게 하려는 연고다. 이러한 까닭으로 보살은 기뻐하고 행복해한다.

위령일체중생　득제여래최상제일자재신
爲令一切衆生으로 **得諸如來最上第一自在神**

통고 위령일체중생 득비일비이일체공덕
通故며 爲令一切衆生으로 得非一非異一切功德

자재신통고
自在神通故며

"일체 중생으로 하여금 여래의 최상이고 제일이고 자재한 신통을 얻게 하려는 연고며, 일체 중생으로 하여금 하나도 아니고 다른 것도 아닌 모든 공덕과 자재한 신통을 얻게 하려는 연고이니라."

보살이 선근을 닦아 회향할 때에 환희하는 것은 일체 중생으로 하여금 여래의 최상이고 제일이고 자재한 신통을 얻게 하려는 연고며, 일체 중생으로 하여금 하나도 아니고 다른 것도 아닌 모든 공덕과 자재한 신통을 얻게 하려는 연고이다.

위령일체중생 구족일체평등선근 보
爲令一切衆生으로 具足一切平等善根하야 普

위제불관기정고 위령일체중생 실득성만
爲諸佛灌其頂故며 爲令一切衆生으로 悉得成滿

청 정 지 신　　어 제 유 중　최 존 승 고
清淨智身하야 **於諸有中**에 **最尊勝故**니라

"일체 중생으로 하여금 일체 평등한 선근을 구족하여 여러 부처님이 그 정수리에 물을 부으심이 되게 하려는 연고며, 일체 중생으로 하여금 모두 청정한 지혜의 몸을 성취하여 모든 존재 가운데서 가장 존중케 하려는 연고이니라."

보살이 선근을 닦아 회향할 때에 환희하는 것이 또한 "일체 중생으로 하여금 일체 평등한 선근을 구족하여 여러 부처님이 그 정수리에 물을 부으심이 되게 하려는 연고"라는 것은 수행의 가장 높은 지위에 오르게 하려는 뜻에서 기뻐하는 것임을 말한다. 110구절의 마지막으로는 일체 중생으로 하여금 모두 청정한 지혜의 몸을 성취하여 모든 존재들 가운데서 가장 존중케 하려는 연고임을 밝혔다. 그동안 보살의 행과 부처님의 경지를 표현할 수 있는 데까지 표현하여 그 모든 경지에 이르게 하려는 연고로 보살은 선근을 닦아 회향하고 환희한다.

보살이 회향할 때 환희하는 까닭을 110구절로 장황하게

설하였으나 한 구절 한 구절 뜻은 비슷하고 말이 다를 뿐이다. 그리고 비록 말이 같고 뜻이 같다 하더라도 보살이 회향하여 행복해하는 마음을 반복해서 읽고 느끼고 함께 따라서 기뻐하고 행복해하는 것이 가장 효과적인 수행이다. 이보다 더 훌륭한 수행은 없을 것이다. 반복하여 읽고 느끼고 따라 기뻐할 때 보살의 마음과 하나가 되어 감동하고, 저 깊은 장식藏識 속에 뿌리 내리게 되며, 저절로 보살의 기쁨이 자신의 기쁨이 되기 때문이다.

(11) 이익을 이룸

불자　보살마하살　여시비민이익안락일체
佛子야 **菩薩摩訶薩**이 **如是悲愍利益安樂一切**

중생　함령청정　원리간질　수승묘락
衆生하야 **咸令清淨**하며 **遠離慳嫉**하야 **受勝妙樂**하며

구대위덕　생대신해
具大威德하며 **生大信解**하며

"불자들이여, 보살마하살이 이와 같이 일체 중생을 불쌍하게 여기어서 그들을 이익하게 하고 안락하게 하

며, 모두 청정하게 하여 아끼고 질투함을 영원히 여의고, 수승하고 미묘한 낙樂을 받아 큰 위덕을 갖추게 하며, 큰 믿음과 이해를 내게 하느니라."

보살은 항상 일체 중생을 불쌍하게 여겨서 그들을 이익하게 하고 안락하게 하며, 모두 청정하게 하여 아끼고 질투함을 영원히 여의고, 수승하고 미묘한 낙을 받아 큰 위덕을 갖추게 한다. 이와 같이 중생들의 이익과 기쁨과 행복을 위해서 사는 이가 진정한 보살이다.

영리진에 급제예탁 기심청정 질직유
永離瞋恚와 **及諸翳濁**하며 **其心淸淨**하야 **質直柔**
연 무유첨곡 미혹우치 행출리행 견
軟하야 **無有諂曲**과 **迷惑愚癡**하며 **行出離行**하야 **堅**
고불괴
固不壞하며

"성내는 일과 모든 가리고 혼탁한 것을 여의며, 그 마음이 청정하고 순박하고 곧고 바르며 부드러워 아첨

과 미혹과 어리석음이 없으며, 벗어나는 행을 행하며, 견고하여 깨뜨릴 수 없게 하느니라."

평등지심 영무퇴전 백정법력 구족성
平等之心이 永無退轉하며 白淨法力을 具足成

취 무뇌무실 선교회향 상수정행 조
就하며 無惱無失하야 善巧廻向하며 常修正行하야 調

복중생 멸제일체제불선업 수행고행일
伏衆生하며 滅除一切諸不善業하며 修行苦行一

체선근
切善根이니라

"평등한 마음이 퇴전하지 않으며, 희고 깨끗한 법과 힘을 구족하게 성취하며, 시끄러움도 없고 잘못도 없어 교묘하게 회향하며, 항상 바른 행을 닦아 중생을 조복하며, 일체 모든 선善하지 못한 업業을 제거하며, 고행하는 모든 선근을 닦아 행하게 하느니라."

보살의 중생을 이익하게 하고, 기쁘게 하고, 행복하게 하는 온갖 일을 밝혔다. 보살이 중생에게 이익을 이루게 하는 말씀 가운데 재물이나 이성이나 음식이나 명예나 몸의 안락을 얻게 한다는 것은 전혀 보이지 않는다. 또 눈과 귀와 코와 혀와 몸이 하고자 하는 것을 만족하게 한다는 말씀도 전혀 보이지 않는다. 그렇다면 보살들이 생각하는 중생의 진정한 이익은 무엇인가. 진정한 기쁨과 행복은 무엇인가.

(12) 중생에게 권하는 회향

우권중생 영기수습 보위함식 구수
又勸衆生하야 **令其修習**하며 **普爲含識**하야 **具受**

중고 이대지안 관제선근 지기실이지
衆苦하며 **以大智眼**으로 **觀諸善根**하야 **知其悉以智**

혜위성 방편회향일체중생
慧爲性하야 **方便廻向一切衆生**하나니

"또 중생들에게 권하여 닦아 익히게 하되 널리 중생을 위하여 여러 가지 고통을 받으며, 큰 지혜의 눈으로 모든 선근을 관찰하여 모두가 지혜로써 성품이 된 줄을 알고 방편으로 일체 중생에게 회향하느니라."

보살은 중생을 위하는 일이라면 어떤 고통도 마다하지 않는다. 또 지혜의 눈으로 모든 선근을 관찰하면 일체 중생이 실은 본래부터 지혜로써 그 성품이 되어 있음을 알게 된다. 그러므로 중생에게 하는 모든 회향이 가능한 것이다.

위령일체중생 실득안주일체청정공덕처
爲令一切衆生으로 **悉得安住一切淸淨功德處**

고 위령일체중생 실능섭수일체선근 지
故며 **爲令一切衆生**으로 **悉能攝受一切善根**하야 **知**

제공덕 성급의고
諸功德의 **性及義故**며

"일체 중생으로 하여금 모든 청정한 공덕의 처소에 머물게 하려는 연고며, 일체 중생으로 하여금 일체 선근을 섭수하여 모든 공덕의 성품과 그 이치를 알게 하려는 연고이니라."

두 단락의 글은 공덕의 내용이다. 일체 중생에게 모든 청정한 공덕의 처소에 머물게 하고, 또한 일체 선근을 섭수하여 모든 공덕의 성품과 그 이치를 알게 한다. 이것이 보살의 중생을 위한 자비의 마음이다.

위령일체중생　보정일체제선근고　위령
爲令一切衆生으로 **普淨一切諸善根故**며 **爲令**

일체중생　어복전경계중　종제선법　심무
一切衆生으로 **於福田境界中**에 **種諸善法**하야 **心無**

회고
悔故며

"일체 중생으로 하여금 일체 모든 선근을 두루 청정하게 하려는 연고며, 일체 중생으로 하여금 복전의 경계 가운데 모든 선한 법을 심되 마음에 후회함이 없게 하려는 연고이니라."

두 단락의 글은 선근의 내용이다. 일체 중생에게 일체 모든 선근을 두루 청정하게 하고, 복전의 경계 가운데 모든 선한 법을 심되 마음에 후회함이 없게 하려는 것이다.

위령일체중생 보능섭수일체중생 일
爲令一切衆生으로 普能攝受一切衆生하야 一

일개령취일체지고 위령일체중생 보섭일
一皆令趣一切智故며 爲令一切衆生으로 普攝一

체소유선근 일일개여평등회향 이상응
切所有善根하야 一一皆與平等廻向으로 而相應

고
故니라

"일체 중생으로 하여금 일체 중생을 널리 포섭하여 낱낱이 일체 지혜에 나아가게 하려는 연고며, 일체 중생으로 하여금 모든 선근을 널리 거두어들여 낱낱이 평등한 회향으로 더불어 서로 응하게 하려는 연고이니라."

일체 중생이 다시 일체 중생을 섭수하여 일체 지혜에 나아가게 하고, 모든 선근을 널리 거두어들여 낱낱이 평등한 회향으로 더불어 서로 응하게 하려는 것이다.

(13) 구경究竟의 회향

우이제선근 여시회향 소위원일체중
又以諸善根으로 如是廻向하나니 所謂願一切衆

생 구경안은 원일체중생 구경청정 원
生이 究竟安隱하며 願一切衆生이 究竟淸淨하며 願

일체중생 구경안락 원일체중생 구경해
一切衆生이 究竟安樂하며 願一切衆生이 究竟解

탈 원일체중생 구경평등
脫하며 願一切衆生이 究竟平等하며

"또 모든 선근으로 이와 같이 회향하느니라. 이른바 '원컨대 일체 중생이 끝까지 편안하며, 원컨대 일체 중생이 끝까지 청정하며, 원컨대 일체 중생이 끝까지 안락하며, 원컨대 일체 중생이 끝까지 해탈하며, 원컨대 일체 중생이 끝까지 평등하여지이다.' 라고 하느니라."

원일체중생 구경요달 원일체중생 구
願一切衆生이 究竟了達하며 願一切衆生이 究

경안주제백정법 원일체중생 득무애안
竟安住諸白淨法하며 願一切衆生이 得無礙眼하며

원일체중생 선조기심 원일체중생 구족
願一切衆生이 **善調其心**하며 **願一切衆生**이 **具足**

십력 조복중생
十力하야 **調伏衆生**이니라

"'원컨대 일체 중생이 끝까지 통달하며, 원컨대 일체 중생이 끝까지 희고 깨끗한 법에 편안히 머물며, 원컨대 일체 중생이 끝까지 장애 없는 눈을 얻으며, 원컨대 일체 중생이 마음을 잘 조복하며, 원컨대 일체 중생이 십력十力을 구족하여 중생을 조복하여지이다.' 라고 하느니라."

열 가지 원으로 구경究竟의 회향을 밝혔다. 구경, 즉 완전한 편안함과 완전한 청정과 완전한 안락과 완전한 해탈과 완전한 평등과 완전한 통달과 완전한 희고 깨끗한 법에 편안히 머무름과 완전한 장애 없는 눈을 얻음과 완전히 마음을 잘 조복함과 완전한 십력十力을 구족하여 중생을 조복함이다.

(14) 실제實際에 회향하다

불자 보살마하살 여시회향시 불착업
佛子야 菩薩摩訶薩이 如是廻向時에 不着業하고

불착보 불착신 불착물 불착찰 불착
不着報하며 不着身하고 不着物하며 不着刹하고 不着

방 불착중생 불착무중생 불착일체법
方하며 不着衆生하고 不着無衆生하며 不着一切法

불착무일체법
하고 不着無一切法이니라

"불자들이여, 보살마하살이 이와 같이 회향할 때 업業에 집착하지 않고, 과보果報에 집착하지 않고, 몸에 집착하지 않고, 물건에 집착하지 않고, 세계에 집착하지 않고, 방위에 집착하지 않고, 중생에 집착하지 않고, 중생 없는 데 집착하지 않고, 모든 법에 집착하지 않고, 모든 법이 없는 데 집착하지 않느니라."

열 가지에 집착하지 않고 회향하여 진여실제眞如實際에 부합한다. 선근을 닦아 회향하는 수행도 결국은 진리에 부합하는 회향이 되어야 하기 때문이다.

불자　보살마하살　여시회향시　이차선근
佛子야 **菩薩摩訶薩**이 **如是廻向時**에 **以此善根**

보시세간　원일체중생　성만불지　득
으로 **普施世間**하야 **願一切衆生**이 **成滿佛智**하야 **得**

청정심　지혜명료　내심적정　외연부동
淸淨心하며 **智慧明了**하며 **內心寂靜**하며 **外緣不動**

증장성취삼세불종
하야 **增長成就三世佛種**이니라

"불자들이여, 보살마하살이 이와 같이 회향할 때에 이 선근으로 세간에 널리 보시해서 일체 중생이 부처님 지혜를 이루어서 청정한 마음을 얻으며, 지혜가 명료하며, 안으로 마음이 고요하고 밖으로 인연에 동動하지 않으며, 삼세 부처님의 종성種性을 증장하고 성취하기를 원하느니라."

온갖 선행으로 세간에 널리 보시하면서 발원한다. 일체 중생이 부처님의 지혜를 이루어서 청정한 마음을 얻기를 원하며, 지혜가 명료해서 안팎으로 고요하며, 나아가 부처님의 종성을 이어 불법이 영원히 계속되기를 발원한다.

(15) 인위因位의 광대한 덕德

불자 보살마하살 수행여시회향지시 초
佛子야 **菩薩摩訶薩**이 **修行如是廻向之時**에 **超**

출일체 무능과자 일체세간 소유언사
出一切하야 **無能過者**하며 **一切世間**의 **所有言詞**로

실공칭찬 역불가진 보수일체보살제행
悉共稱讚하야도 **亦不可盡**이라 **普修一切菩薩諸行**

실능왕예일체불토 보견제불무소장애
하고 **悉能往詣一切佛土**하며 **普見諸佛無所障礙**하고

"불자들이여, 보살마하살이 이와 같이 회향을 수행修行할 때에 모든 것을 초월하여 능히 지나갈 이가 없고, 일체 세간의 온갖 말로 함께 칭찬하여도 또한 다할 수 없으며, 일체 보살의 여러 가지 행行을 두루 닦아서 일체 부처님 세계에 능히 나아가며, 모든 부처님을 두루 뵈옵는 데에 장애가 없느니라."

수행의 낱낱 차별한 입장으로는 원인의 광대한 덕이 있고, 다시 또 결과의 청정한 덕이 있다. 또 수행의 원융한 입장으로는 원인과 결과가 동일하다. 즉 처음 발심한 때에 곧 정각을 이루며, 생사와 열반이 같은 것이며, 예부터 본

래로 부처인 것이다. 여기에서는 인위因位의 덕이 광대함을 밝혔다.

우능보견일체세계보살소행 이선방편
又能普見一切世界菩薩所行하며 **以善方便**으로

위제중생 분별제법심심구의 득다라니
爲諸衆生하야 **分別諸法甚深句義**하며 **得陀羅尼**하야

연설묘법 진미래겁 무유단절
演說妙法호대 **盡未來劫**토록 **無有斷絶**하며

"또 일체 세계 보살의 수행함을 널리 볼 수 있으며, 좋은 방편으로 모든 중생을 위하여 모든 법의 깊고 깊은 글귀와 뜻을 분별하며, 다라니를 얻어 미묘한 법을 연설하되 미래의 겁이 다하여도 끊어지지 아니하느니라."

일체 보살의 수행이란 좋은 방편으로 모든 중생을 위하여 경전과 어록과 기타 훌륭한 가르침을 널리 찾아 읽고 분별하고 사유하여 깊이 마음에 새기는 일이다. 그것을 활용하여 다시 미묘한 이치를 연설하여 정법이 영원히 끊어지지

않게 하는 것이다.

위중생고 염념어불가설불가설세계 유여
爲衆生故로 **念念於不可說不可說世界**에 **猶如**
영상 보현기신 공양제불 염념엄정불
影像하야 **普現其身**하야 **供養諸佛**하며 **念念嚴淨不**
가설불가설제불국토 실령주변수행엄정불
可說不可說諸佛國土하야 **悉令周徧修行嚴淨佛**
찰지혜 이무염족
刹智慧호대 **而無厭足**하며

"중생들을 위해서 잠깐잠깐마다 말할 수 없이 말할 수 없는 세계에 그림자처럼 몸을 나타내어 모든 부처님께 공양하며, 잠깐잠깐마다 말할 수 없이 말할 수 없는 부처님의 국토를 깨끗이 장엄하며, 모두 돌아다니면서 부처님의 세계를 장엄하는 지혜를 수행하여도 만족함이 없느니라."

보살은 중생을 위하여 한순간이라도 모든 세계에 나타나서 일체 사람과 일체 생명을 부처님으로 받들어 섬기고 공양한다. 또 보살은 한순간이라도 세상을 맑고 향기롭고 정직하고 아름다운 곳으로 장엄한다. 즉 세상을 정화하는 데 몸과 마음을 다한다. 세상을 청정하게 장엄하는 것은 곧 지혜이다. 이와 같은 지혜를 수행하는 것을 두고두고 영원히 하여도 만족하거나 싫어하지 않는다.

염념영불가설불가설백천억나유타중생
念念令不可說不可說百千億那由他衆生으로

청정성취평등만족 어피일체제국토중 근
清淨成就平等滿足하며 **於彼一切諸國土中**에 **勤**

수일체제바라밀 섭취중생
修一切諸波羅蜜하야 **攝取衆生**하야

"잠깐잠깐마다 말할 수 없이 말할 수 없는 백천억 나유타 중생으로 하여금 청정하게 성취하여 평등하고 만족케 하며, 저 일체 모든 국토에서 온갖 바라밀다를 부지런히 닦으면서 중생들을 포섭하느니라."

보살은 한순간이라도 무수한 중생으로 하여금 청정하게

성취하고 평등하고 만족하게 한다. 또 보살은 일체 모든 국토에서 온갖 바라밀다를 부지런히 닦으면서 중생들을 포섭한다. 이것이 보살의 할 일이다.

성취정업 득무애이 어불가설불가설
成就淨業하며 **得無礙耳**하야 **於不可說不可說**

제불세계 일일여래 소전법륜 청문수지
諸佛世界에 **一一如來**의 **所轉法輪**을 **聽聞受持**하고

정근수습 불생일념사리지심
精勤修習하야 **不生一念捨離之心**하며

"청정한 업業을 성취하며 걸림이 없는 귀를 얻어 말할 수 없이 말할 수 없는 부처님 세계에서 낱낱 부처님의 설하시는 법문을 들어 받아 지니고 부지런히 닦되 잠깐이라도 떠나려는 마음을 내지 아니하느니라."

보살은 또 청정한 업을 성취하여 걸림이 없는 귀를 얻었다. 걸림이 없는 귀란 일체 여래의 설법을 잘 듣고 받아들이는 귀다. 보고 듣는 것이 모두 법문이거늘 남의 말을 들으려

하지 않는 사람은 그 귀가 청정하지 못한 것이다. 열심히 듣고 생각하고 실천하는 것이 부지런히 수행하는 것이다. 그러므로 보살은 그 일을 잠깐이라도 떠나려는 마음을 내지 않는다.

주무소득무의지무작무착보살신통 어일
住無所得無依止無作無着菩薩神通하야 **於一**
찰나일탄지경 분신보예불가설제불세계
刹那一彈指頃에 **分身普詣不可說諸佛世界**하야
여제보살 등동일견
與諸菩薩로 **等同一見**이니라

"얻을 것이 없고, 의지함이 없고, 지음이 없고, 집착이 없는 보살의 신통에 머물러서, 한 찰나와 손가락 한 번 튕기는 동안에 분신하여 말할 수 없는 모든 부처님 세계에 널리 나아가서 모든 보살과 더불어 한 가지 견해見解로 평등하니라."

보살은 중생 교화를 위해 한 찰나와 손가락 한 번 튕기는 짧은 동안에 분신하여 말할 수 없는 모든 부처님 세계에 널리 나아가더라도 얻을 것이 없고, 의지함이 없고, 지음이 없고, 집착이 없다. 이와 같은 견해는 모든 보살이 다 평등하다.

(16) 과위果位의 덕은 청정하다

불자 보살마하살 여시수습보살행시
佛子야 **菩薩摩訶薩**이 **如是修習菩薩行時**에도

상능성만무량불가설불가설청정공덕 억념
尙能成滿無量不可說不可說淸淨功德하야 **憶念**

칭찬 소불능진 황부득성무상보리
稱讚으로 **所不能盡**이어든 **況復得成無上菩提**아

"불자들이여, 보살마하살이 이와 같이 보살의 행行을 닦을 적에 오히려 한량없고 말할 수 없이 말할 수 없는 청정한 공덕을 만족하게 이루어서 기억하고 칭찬을 다 할 수 없거든 하물며 다시 위없는 보리菩提를 이룸이겠는가."

보살행의 결과는 무수한 청정한 공덕을 만족하게 하여 기억할 수 없고 칭찬할 수 없다. 그리고 최상의 깨달음을 이루게 된다. 이것이 과위果位의 덕이다.

일체불찰 평등청정 일체중생 평등청
一切佛刹이 **平等淸淨**하며 **一切衆生**이 **平等淸**
정 일체신 평등청정 일체근 평등청정
淨하며 **一切身**이 **平等淸淨**하며 **一切根**이 **平等淸淨**
일체업과 평등청정 일체중회도량 평
하며 **一切業果**가 **平等淸淨**하며 **一切衆會道場**이 **平**
등청정
等淸淨하며

"일체 부처님의 세계가 평등하고 청정하며, 일체 중생이 평등하고 청정하며, 일체 몸이 평등하고 청정하며, 일체 근根이 평등하고 청정하며, 일체 업과 과보가 평등하고 청정하며, 일체 대중이 모인 도량이 평등하고 청정하니라."

일체원만행 평등청정 일체법방편지
一切圓滿行이 平等淸淨하며 一切法方便智가

평등청정 일체여래제원회향 평등청정
平等淸淨하며 一切如來諸願廻向이 平等淸淨하며

일체제불신통경계 평등청정
一切諸佛神通境界가 平等淸淨하니라

"일체 원만한 행行이 평등하고 청정하며, 일체 법의 방편과 지혜가 평등하고 청정하며, 일체 여래의 서원과 회향이 평등하고 청정하며, 일체 모든 부처님의 신통한 경계가 평등하고 청정하니라."

회향의 결과를 이룬 모습을 간략히 열 가지 들었다. 앞의 여섯 가지는 결과의 모양이 원만하게 갖춰진 것이며, 뒤의 네 가지는 원인을 들어 결과를 나타내었다. 결과가 원만한 것은 그 원인이 원만하기 때문이다. 청정하다는 것은 오염된 것이 없다는 것이며, 평등하다는 것은 이치마다 증득하지 아니함이 없다는 뜻이다. 그래서 물들고 청정함이 모두 텅 비었다는 것이다.

(17) 어기지 않는 자재한 덕德

불자 보살마하살 여시회향시 득일체공
佛子야 **菩薩摩訶薩**이 **如是迴向時**에 **得一切功**

덕청정환희법문 무량공덕 원만장엄
德淸淨歡喜法門하야 **無量功德**으로 **圓滿莊嚴**하나니

"불자들이여, 보살마하살이 이와 같이 회향할 때에 일체 공덕이 청정하게 되어 환희하는 법문을 얻어서 무량한 공덕으로 원만하게 장엄하느니라."

보살이 회향할 때에 일체 공덕이 청정하게 되어 환희하는 법문을 얻어서 무량한 공덕으로 원만하게 장엄하게 되는 내용을 서로 어기지 않는 것[不違]으로 밝혔다.

여시회향시 중생 불위일체찰 찰불위
如是迴向時에 **衆生**이 **不違一切刹**하고 **刹不違**

일체중생 찰중생 불위업 업불위찰중생
一切衆生하며 **刹衆生**이 **不違業**하고 **業不違刹衆生**

하며

"이와 같이 회향할 때에 중생이 모든 국토와 어기지 않고 국토가 모든 중생과 어기지 않으며, 국토와 중생이 업業과 어기지 않고 업이 국토와 중생과 어기지 않느니라."

어기지 않는 자재한 덕이란 화합하여 하나가 된다는 의미다. 서로 상대가 될 수 있는 개념들이 화합하여 하나가 되었을 때의 이익을 나타내었다. 전체가 15대對인데 앞의 11대는 법과 법이 서로 어기지 않는 것이고, 다음 2대는 세世와 세世가 어기지 않는 것이고, 다음 1대는 세世와 법法이 어기지 않는 것이고, 마지막 1대는 원인과 결과가 어기지 않는 것으로서 곧 전체의 결론이다.

중생과 국토와 업이 서로 어기지 않는다고 하였다. 중생과 국토가 중생의 업을 떠나서 관계없이 존재하는 것이 아니기 때문에 서로 어길 수 없는 관계다. 사람은 사람대로 축생은 축생대로 각자의 업에 따라 현상을 느끼고 감지하고 생각하고 누린다.

사불위심 심불위사 사심 불위경계
思不違心하고 **心不違思**하며 **思心**이 **不違境界**하고

경계 불위사심
境界가 **不違思心**하며

"생각[思]이 마음과 어기지 않고 마음이 생각과 어기지 않으며, 생각과 마음이 경계와 어기지 않고 경계가 생각과 마음과 어기지 않느니라."

생각은 마음에서 표출된 것이다. 또 생각과 마음이 작용하여 일체 경계를 나타낸다. 즉 일체 경계가 마음과 생각이 변하여 나타난 바다. 일체가 오직 마음이 만든 것이며 오직 의식이 변하여 나타난 것이기 때문에 서로 어기지 않는다.

업불위보 보불위업 업불위업도 업
業不違報하고 **報不違業**하며 **業不違業道**하고 **業**

도불위업
道不違業하며

"업이 과보果報와 어기지 않고 과보가 업과 어기지 않

으며, 업이 업의 길[業道]과 어기지 않고 업의 길이 업과 어기지 않느니라."

업과 업의 과보와 업이 나아가는 길도 모두 어길 수 없는 관계다. 보살의 업을 지은 사람은 보살이라는 과보를 받으며 보살의 길을 갈 수밖에 없다. 이것이 서로 어기지 않는 것이다.

법성 불위상 법상 불위성 법생 불
法性이 **不違相**하고 **法相**이 **不違性**하며 **法生**이 **不**

위성 법성 불위생
違性하고 **法性**이 **不違生**하며

"법의 성품이 모양과 어기지 않고, 법의 모양이 성품과 어기지 않으며, 법의 나는 것이 성품과 어기지 않고, 법의 성품이 나는 것과 어기지 않느니라."

법성은 일체 모든 법의 근본 성품이며 법상은 일체 모든 법의 나타난 현상이다. 법의 나타난 현상은 법의 본성에서 생긴 것이지 법의 본성 이외의 다른 것에서 온 것이 아니다. 그러므로 서로 어길 수 없는 관계다.

찰 평 등　불 위 중 생 평 등　중 생 평 등　불 위
刹平等이 **不違衆生平等**하고 **衆生平等**이 **不違**
찰 평 등
刹平等하며

"국토의 평등이 중생의 평등과 어기지 않고, 중생의 평등이 국토의 평등과 어기지 않느니라."

국토가 텅 비어 공적한 이치는 중생이 텅 비어 공적한 이치와 같으며, 중생이 텅 비어 공적한 이치 또한 국토가 텅 비어 공적한 이치와 다를 바 없다. 그래서 서로 어기지 않는다.

일 체 중 생 평 등　불 위 일 체 법 평 등　일 체 법
一切衆生平等이 **不違一切法平等**하고 **一切法**
평 등　불 위 일 체 중 생 평 등
平等이 **不違一切衆生平等**하며

"일체 중생의 평등이 일체 법의 평등과 어기지 않고, 일체 법의 평등이 일체 중생의 평등과 어기지 않느니라."

일체 중생이 텅 비어 평등한 것과 일체 법이 텅 비어 평등한 것은 서로 동일하여 어기지 않는다.

이욕제평등 불위일체중생안주평등 일
離欲際平等이 **不違一切衆生安住平等**하고 **一**
체중생안주평등 불위이욕제평등
切衆生安住平等이 **不違離欲際平等**하며

"탐욕을 떠난 경계의 평등이 일체 중생의 편안히 머무는 평등과 어기지 않고, 일체 중생의 편안히 머무는 평등이 탐욕을 떠난 경계의 평등과 어기지 않느니라."

삼독을 떠나면 일체 중생이 편안히 머문다. 그래서 삼독을 떠난 것과 일체 중생이 편안히 머무름이 서로 어기지 않는다.

과거 불위미래 미래 불위과거 과거
過去가 不違未來하고 未來가 不違過去하며 過去

미래 불위현재 현재 불위과거미래
未來가 不違現在하고 現在가 不違過去未來하며

"과거가 미래와 어기지 않고, 미래가 과거와 어기지 않으며, 과거와 미래가 현재와 어기지 않고, 현재가 과거와 미래와 어기지 않느니라."

과거와 현재와 미래가 곧 하나다. 즉 구세九世와 십세十世가 서로 연결되어 하나다. 서로 하나의 입장으로 어기지 않으면서 자유롭게 과거와 현재와 미래로 존재한다.

세평등 불위불평등 불평등 불위세평
世平等이 不違佛平等하고 佛平等이 不違世平

등 보살행 불위일체지 일체지 불위보
等하며 菩薩行이 不違一切智하고 一切智가 不違菩

살행
薩行이니라

"세상의 평등이 부처님의 평등과 어기지 않고, 부처

님의 평등이 세상의 평등과 어기지 않으며, 보살의 행行이 일체 지혜와 어기지 않고 일체 지혜가 보살의 행과 어기지 않느니라."

세상도 부처님도 오직 참나[眞我]라는 하나의 평등한 자리다. 참나의 현현이다. 그러므로 서로 어기지 않고 하나로 평등하다. 또 보살행이란 평등과 차별을 다 아는 일체의 지혜에서 나온 것이다. 그러므로 서로 어기지 아니하여 평등한 하나다. 이와 같은 것이 서로 어기지 않는 자유자재한 회향의 덕이다.

(18) 상相이 다한 평등한 덕

불자 보살마하살 여시회향시 득업평등
佛子야 **菩薩摩訶薩**이 **如是廻向時**에 **得業平等**

득보평등 득신평등 득방편평등 득
하며 **得報平等**하며 **得身平等**하며 **得方便平等**하며 **得**

원평등
願平等하며

"불자들이여, 보살마하살이 이와 같이 회향할 적에 업의 평등을 얻고, 과보의 평등을 얻고, 몸의 평등을 얻고, 방편의 평등을 얻고, 소원의 평등을 얻느니라."

제7 일체 중생을 평등하게 수순하는 회향[等隨順一切衆生廻向]은 상相이 다한 평등의 덕을 밝혔다. 업의 평등과 과보의 평등과 몸의 평등과 방편의 평등과 소원의 평등을 얻게 된다. 평등이란 본래 하나라는 의미이며, 그 하나는 공성이라는 의미이다.

득일체중생평등 득일체찰평등 득일체행평등 득일체지평등 득삼세제불평등
得一切衆生平等하며 **得一切刹平等**하며 **得一切行平等**하며 **得一切智平等**하며 **得三世諸佛平等**하며

"일체 중생의 평등을 얻고, 일체 세계의 평등을 얻고, 일체 행行의 평등을 얻고, 일체 지혜의 평등을 얻고,

삼세 모든 부처님의 평등을 얻느니라."

또 일체 차별을 평등하다고 한 것은 일체가 참나의 현현이며 참마음의 현현이며 참사람의 현현이기 때문이다. 참나와 참마음과 참사람을 얻으면 저절로 본래 갖춘 육바라밀을 실천하게 된다. 또한 참사람 속에 본래로 갖춰진 인의예지를 실천하게 된다.

득승사일체제불 득공양일체보살 득
得承事一切諸佛하며 **得供養一切菩薩**하며 **得**
종일체선근 득만일체대원 득교화일체
種一切善根하며 **得滿一切大願**하며 **得教化一切**
중생 득요지일체업
衆生하며 **得了知一切業**하며

"일체 모든 부처님을 섬기게 되며, 일체 보살을 공양하게 되며, 일체 선근을 심게 되며, 일체의 큰 서원을 만족하게 되며, 일체 중생을 교화하게 되며, 일체 업業을 분명히 알게 되느니라."

보살이 선근을 닦아 회향하면 모든 사람과 모든 생명을 부처님으로 받들어 섬기게 되며, 일체 보살을 공양하게 되며, 일체 선이란 선은 모두 닦게 되며, 우주의 일체 생명을 아름답게 가꾸고자 하는 큰 서원을 만족하게 되며, 일체 중생을 잘 교화하고 성숙시키게 되며, 일체 중생의 모든 업을 환하게 알게 되어 그 모든 업에 알맞게 조복한다.

득승사공양일체선지식 득입일체청정중
得承事供養一切善知識하며 **得入一切淸淨衆**
회도량 득통달일체정교 득성만일체백
會道場하며 **得通達一切正敎**하며 **得成滿一切白**
법 불자 시위보살마하살 제칠등수순일
法하나니 **佛子**야 **是爲菩薩摩訶薩**이 **第七等隨順一**
체중생회향
切衆生迴向이니라

"일체 선지식을 공양하고 섬기게 되며, 일체의 청정한 대중이 모인 도량에 들어가게 되며, 일체 바른 교법을 통달하게 되며, 일체의 선한 법[白法]을 성취하게 되느니라. 불자들이여, 이것이 보살마하살의 제7 일체 중생을 평등하게 수순하는 회향[等隨順一切衆生廻向]이니라."

보살이 선근을 닦아 회향하면 일체 선지식을 저절로 공양하고 섬기게 되며, 일체의 청정한 대중들과 늘 함께하게 되며, 언제나 바른 교법을 통달하게 되며, 끝내는 일체 선한 법을 성취하게 된다. 이것이 보살마하살의 제7 일체 중생을 평등하게 수순하는 회향이다.

(19) 과위果位를 말하다

보살마하살 성취차회향 즉능최멸일체
菩薩摩訶薩이 **成就此廻向**하면 **則能摧滅一切**

마원 발제욕자 득출리락 주무이성
魔怨하고 **拔諸欲刺**하며 **得出離樂**하야 **住無二性**하며

"보살마하살이 이 회향을 성취하면 능히 모든 마군과 원수를 꺾어 소멸하고 모든 탐욕의 가시[欲刺]를 뽑으며, 벗어나는 낙樂을 얻어 둘이 없는 성품에 머무느니라."

제7 일체 중생을 평등하게 수순하는 회향의 과위果位를 밝혔다. 그 과위란 모든 마군과 원수를 꺾어 소멸하고 모든 탐욕의 가시[欲刺]를 뽑는 것 등이다.

구대위덕 구호중생 위공덕왕 신족
具大威德하야 **救護衆生**하며 **爲功德王**하야 **神足**

무애 왕일체찰 입적멸처
無礙하며 **往一切刹**호대 **入寂滅處**하며

"큰 위덕을 갖추어 중생들을 구호하며, 공덕의 왕이 되어 신통이 걸림이 없으며, 모든 국토에 가서 적멸寂滅한 자리에 들어가느니라."

다시 또 큰 위덕을 갖추어 중생을 구호하며 공덕의 왕이 되어 신통이 걸림이 없다.

구일체신 성보살행 어제행원 심득자
具一切身하야 **成菩薩行**호대 **於諸行願**에 **心得自**

재　분별요지일체제법　실능변생일체불
在하며 分別了知一切諸法하야 悉能徧生一切佛

찰
刹하며

"일체의 몸을 갖추고 보살의 행을 이루어서 모든 행行과 원願에 마음이 자재하며, 일체 모든 법을 분별하여 알고 모든 부처님 세계에 두루 태어나느니라."

또 보살의 행을 이루어 모든 행行과 원願에 마음이 자재하며, 일체 모든 법을 분별하여 알고 모든 부처님 세계에 두루 태어나게 된다.

득무애이　문일체찰　소유음성　득정혜
得無礙耳하야 聞一切刹의 所有音聲하며 得淨慧

안　견일체불　미상잠사　어일체경계　성
眼하야 見一切佛호대 未嘗暫捨하며 於一切境界에 成

취선근　심무고하　어일체법　득무소득
就善根하야 心無高下하고 於一切法에 得無所得

하나니 菩薩摩訶薩(보살마하살)이 以一切善根(이일체선근)으로 等隨順一切(등수순일체)
衆生(중생)하야 如是廻向(여시회향)이니라

"걸림이 없는 귀를 얻어 모든 세계의 음성을 다 들으며, 청정한 지혜의 눈을 얻어 모든 부처님을 뵈옵고 잠시도 버리지 아니하며, 모든 경계에서 선근을 성취하여 마음에 높고 낮음이 없으며, 모든 법에 대하여 얻을 것이 없게 되느니라. 보살마하살이 모든 선근으로써 일체 중생을 평등하게 수순하여 이와 같이 회향하느니라."

참마음을 보게 되면 걸림이 없는 귀를 얻어 진리의 가르침과 선량한 말을 다 듣게 된다. 참마음을 회복하지 못하면 진리의 가르침도 들리지 않으며 십바라밀과 인의예지와 일체 선량한 말이 들리지 않는다. 또 청정한 눈을 얻어 부처님과 일체 선지식을 다 잘 보게 된다. 선근을 닦아 회향할 줄 모르는 사람은 부처님의 배 속에 들어 있어도 부처님을 보지 못한다. 일체 선지식과 같이 살면서도 그를 보지 못한다. 참마음, 참사람을 회복한 사람은 곧 선근을 닦아 회향하는 사람이다.

(20) 금강당보살이 게송을 설하다

이시　금강당보살　승불신력　보관시방
爾時에 金剛幢菩薩이 承佛神力하사 普觀十方

이설송언
하고 而說頌言하사대

그때에 금강당보살이 부처님의 신력을 받들어 시방을 두루 살펴보고 게송으로 말하였습니다.

1〉 회향할 선근

보살소작제공덕　　미묘광대심심원
菩薩所作諸功德이　微妙廣大甚深遠하니

내지일념이수행　　실능회향무변제
乃至一念而修行을　悉能廻向無邊際로다

보살이 지으시는 모든 공덕이
미묘하고 광대하고 깊고 멀거늘

한 생각 동안에도 닦고 행하여
끝없는 저 경계까지 회향하더라.

옛 신라 경주 석장사의 양지良志스님은 절을 짓고 탑을 세우는 불사를 일으키면서 간단한 향가鄕歌를 지어 함께 일하는 사람들에게 불교적 인생관과 올바른 삶의 길을 노래하게 하였다.

"오다. 오다. 오다.
오다. 서럽더라.
서럽더라. 우리네여.
공덕 닦으러 오다."

즉 인생이란 누구나 힘들고 서럽고 고통스러운 것이다. 그렇다면 서럽고 고통스러운 인생을 어떻게 살아야 하겠는가. 공덕을 닦으며 살아야 하고, 십바라밀과 인의예지 등 일체 선행을 닦으며 살아야 한다. 이와 같은 선행은 참마음을 회복하면 본래로 갖추고 있는 보물을 밖으로 드러내는 일이기 때문이다. 그러므로 보살은 공덕을 닦아 회향하는 것이다.

보 살 소 유 자 생 구　　　종 종 풍 영 무 한 억
菩薩所有資生具가　　　種種豊盈無限億이라

향 상 보 마 이 가 거　　　의 복 진 재 실 수 묘
香象寶馬以駕車와　　　衣服珍財悉殊妙로다

보살이 소유한 살림 도구들이

가지가지 풍성하여 무한 억이라

좋은 코끼리와 좋은 말 수레에 매고

의복이며 귀한 보물 매우 수묘殊妙하도다.

혹 이 두 목 병 수 족　　　혹 지 신 육 급 골 수
或以頭目幷手足하며　　　或持身肉及骨髓하고

실 변 시 방 무 량 찰　　　보 시 일 체 영 충 변
悉徧十方無量刹하야　　　普施一切令充徧이로다

혹은 머리나 눈이거나 손과 발까지

혹은 몸에 붙은 살이나 뼈와 골수들

시방의 무량세계 두루 가득해

일체 중생에게 널리 보시하여 충만케 하도다.

보살이 중생을 위해서 보시를 행하는 데는 가리지 않고

분별하지 않는다. 일체 생활 도구에서부터 코끼리나 말이나 수레나 의복 등 아무리 값진 보물이라도 모두 다 베푼다. 심지어 머리와 눈과 손과 발과 몸의 살과 골수까지 시방의 한량없는 국토의 한량없는 중생들에게 널리 보시한다. 보살이 중생을 위하는 일이라면 무엇인들 아끼겠는가.

무 량 겁 중 소 수 습　　일 체 공 덕 진 회 향
無量劫中所修習인　　**一切功德盡廻向**하니

위 욕 구 도 제 군 생　　기 심 필 경 불 퇴 전
爲欲救度諸群生하야　　**其心畢竟不退轉**이로다

한량없는 겁劫 동안에 닦아 익힌 것
그 일체 공덕을 다 회향하여
모든 중생을 제도하고자
그 마음 필경까지 퇴전하지 않도다.

보살은 중생들에게 일체 생활 도구와 머리와 눈과 살과 골수까지 보시하기를 길고 긴 세월 동안 하여 닦은 공덕을 모두 다 회향하여 중생을 제도하는 일에서 결코 물러서지 않는다.

보살위도중생고　　상수최승회향업
菩薩爲度衆生故로　常修最勝迴向業이라

보령삼계득안락　　실사당성무상과
普令三界得安樂하야　悉使當成無上果로다

보살이 많은 중생 제도하려고
가장 수승한 회향들을 항상 닦아서
널리 삼계의 중생들을 안락케 하며
장래에는 가장 높은 불과佛果를 이루게 하도다.

중생을 제도하여 안락케 하고 나아가서는 불과를 이루게 한다. 불과를 이루고는 다시 또 보살행을 실천하여 다음 중생들을 그와 같이 교화하고 제도하게 한다. 이것이 불교가 펼치는 보살운동이다. 세상을 장엄하여 청정케 하는 일이다.

보 살 보 흥 평 등 원　　　수 기 소 집 청 정 업
菩薩普興平等願하며　　隨其所集淸淨業하야

실 이 회 시 제 군 생　　　여 시 대 서 종 무 사
悉以廻施諸群生하니　　如是大誓終無捨로다

보살이 널리 평등한 원願을 일으키려고
닦고 닦은 청정한 업을 따라
모두 다 중생에게 회향하여 베푸나니
이와 같은 큰 서원을 버리지 않도다.

불교를 꽃으로 비유하면 자비는 아름다운 꽃이고, 지혜는 밝은 꽃이고, 교화는 향기로운 꽃이고, 원력은 생기 있는 꽃이다. 완벽한 꽃은 아름답고 밝고 향기롭고 생기가 넘쳐야 한다. 완전한 불교는 자비와 지혜와 교화와 원력이 빠짐없이 갖추어져야 한다. 중생을 위한 원력은 불교의 생명력이다.

보 살 원 력 무 한 애　　　일 체 세 간 함 섭 수
菩薩願力無限礙하야　　一切世間咸攝受하나니

여 시 회 향 제 군 생　　　미 증 잠 기 분 별 심
如是廻向諸群生호대　未曾暫起分別心이로다

보살의 큰 서원 한정이 없어
온갖 세간을 다 거두어 받아들이며
이와 같이 중생에게 회향하면서
잠깐도 분별심을 내지 않도다.

보살의 중생을 위한 큰 서원에는 한계가 없다. 그래서 일체 세간을 다 거두어 받아들인다. 이와 같이 중생에게 회향하지만 한순간도 분별심을 내지 않는다.

보 원 중 생 지 명 료　　　보 시 지 계 실 청 정
普願衆生智明了하야　布施持戒悉清淨하고

정 진 수 행 불 해 폐　　　여 시 대 서 무 휴 식
精進修行不懈廢하야　如是大誓無休息이로다

원컨대 중생들의 지혜가 밝아
보시하고 계율 가져 다 청정하고
정진하고 수행함을 폐하지 않아

이와 같은 큰 서원을 쉬지 않도다.

육바라밀을 간단히 밝혔다. 불교의 궁극적 목표는 중생을 위하여 십바라밀을 닦고 육바라밀을 닦고 사무량심과 사섭법을 수행하는 것이다. 이 모든 것을 한 가지로 요약하면 보시다. 보시에는 일체 대승수행법이 다 포함되어 있다. 그러므로 보시하여 회향하는 것을 수천 수만 번을 강조하는 것이다. 만약 보시 한 가지를 실천하지 못한다면 더 이상 무슨 수행을 하겠는가.

보살회향도피안　　보개청정묘법문
菩薩廻向到彼岸하야　普開淸淨妙法門하니

지혜동어양족존　　분별실의득구경
智慧同於兩足尊이라　分別實義得究竟이로다

보살이 회향하여 저 언덕에 이르러
청정하고 묘한 법문 널리 열어서
지혜는 양족존兩足尊과 같아지오며
실상實相의 뜻 분별하여 끝까지 이루어지이다.

보살이 선근을 닦아 회향하여 궁극에는 저 언덕에 이르고, 청정하고 미묘한 법문을 다 열어서 다시 지혜와 복덕 두 가지가 만족한 부처님의 경지에 이른다.

보 살 언 사 이 통 달　　종 종 지 혜 역 여 시
菩薩言詞已通達하고　**種種智慧亦如是**하며

설 법 여 리 무 장 애　　이 어 기 중 심 불 착
說法如理無障礙호대　**而於其中心不着**이로다

보살이 온갖 말을 이미 다 통달하고
가지가지 지혜도 또한 이와 같거든
이치대로 설법하여 막힘이 없으나
그 가운데 집착하는 마음이 없도다.

보살은 중생들이 필요로 하는 것은 모두 베풀고 보시하지만 그 가운데 더 중요한 것을 선택하라면 그것은 이치대로 설법하여 주는 것이다. 온갖 말, 즉 세계의 5~6개 국어를 통달하여 부처님이 깨달으신 보살의 길을 마음껏 설법할 수 있다면 부처님의 법을 전하는 데 큰 도움이 되리라. 그래도 보살은 마음에 집착이 없다.

상 어 제 법 부 작 이　　역 부 부 작 어 불 이
常於諸法不作二하고　**亦復不作於不二**라

어 이 불 이 병 개 리　　지 기 실 시 어 언 도
於二不二幷皆離하야　**知其悉是語言道**로다

항상 모든 법에 두 가지를 짓지 않고
또한 두 가지가 아닌 것도 짓지 아니해
둘이거나 둘 아닌 것을 다 떠났으니
그 모두 다 언어인 줄을 알았느니라.

모든 법은 현상만을 보면 천만 가지로 차별하지만 그 본질을 보면 하나다. 절대의 하나이므로 하나라고 할 것도 없다. 그러므로 둘도 아니고 둘이 아님도 아니다. 그 자리는 우주의 진여생명 자리며 진심 자리며 진아 자리다. 그 또한 언어의 길일 뿐이다.

2〉 인因의 덕德이 광대함

지 제 세 간 실 평 등　　막 비 심 어 일 체 업
知諸世間悉平等하니　**莫非心語一切業**이라

중 생 환 화 무 유 실　　소 유 과 보 종 자 기
衆生幻化無有實하니　**所有果報從玆起**로다

모든 세간이 모두 평등함을 아니
모두가 마음과 말로 지은 일체 업이라
중생도 환술이라 진실한 모양이 아니니
모든 과보果報가 여기서 일어나는 것이로다.

일체 세간의 본성은 평등한 공성이다. 그런데 차별한 온갖 모습을 나타내는 것은 마음으로 짓고 말로 표현하는 것이다. 즉 생각과 감정과 오감五感으로 감지한 것을 언어로 드러낼 뿐이다. 텅 빈 법성진여의 자리에서는 평등하기만 하다.

일 체 세 간 지 소 유　　종 종 과 보 각 부 동
一切世間之所有에　**種種果報各不同**이

막 불 개 유 업 력 성　　　약 멸 어 업 피 개 진
莫不皆由業力成이니　　**若滅於業彼皆盡**이로다

일체 세간에 널려 있는 모든 것들이
가지가지 과보가 제각기 같지 아니해서
모든 것이 업력으로 생긴 것이니
만약 업력이 없어지면 모두 헛된 것이로다.

일체 세간이라는 것은 생각과 감정과 오감五感 안에 들어오는 것이며, 그것은 또 생각과 감정과 오감으로 지은 업의 소산이다. 만약 생각과 감정과 오감의 근본 자리인 참나의 경지에 돌아가면 일체 세간과 업을 다 초월한다. 아무리 넓고 많다 하더라도 그것은 다 사라지고 만다.

3〉 과果의 덕德이 청정함

보 살 관 찰 제 세 간　　　신 구 의 업 실 평 등
菩薩觀察諸世間에　　**身口意業悉平等**하고

역 령 중 생 주 평 등　　　유 여 무 등 대 성 존
亦令衆生住平等호대　　**猶如無等大聖尊**이로다

보살이 모든 세간 두루 살피니
몸과 입과 뜻의 업이 모두 평등해
중생들을 평등한 데 머물게 하여
짝이 없는 대성존大聖尊과 같게 하리라.

보살의 안목으로 세간을 관찰하면 몸과 입과 뜻으로 지은 업이 모두 텅 비어 평등하다. 일체를 공성으로 보는 지혜의 안목이 있기 때문이다. 그러나 중생은 생각과 감정과 오감이라는 한계로 세간을 보기 때문에 일체 세간을 차별로 본다. 보살은 중생들을 가르쳐서 부처님[大聖尊]이나 보살들의 안목과 같게 하는 것이 그 의무이다.

보 살 선 업 실 회 향　　　보 령 중 생 색 청 정
菩薩善業悉廻向하야　普令衆生色淸淨하며
복 덕 방 편 개 구 족　　　동 어 무 상 조 어 사
福德方便皆具足하야　同於無上調御士로다

보살이 선善한 업業을 모두 회향해서
널리 중생으로 하여금 색신을 청정케 하며

복덕과 방편까지 다 구족하게 하여
위없는 조어사調御師와 같게 하리라.

또 보살은 그동안 닦은 일체 선한 업을 모두 중생에게 회향하여 중생으로 하여금 색신을 부처님의 32상과 80종호를 갖춘 것처럼 청정하게 한다. 또한 복덕과 방편까지도 다 구족하여 부처님이나 보살들과 같게 하고자 한다. 이것이 보살의 서원이다. 보살은 다시 보살사관학교를 세상 곳곳에 건립하여 일체 중생을 보살로 만들어 내는 것이 꿈이다.

보 살 이 익 제 군 생　　공 덕 대 해 진 회 향
菩薩利益諸群生호대　**功德大海盡廻向**하고

원 사 위 광 특 초 세　　득 성 용 맹 대 력 신
願使威光特超世하야　**得成勇猛大力身**이로다

보살이 모든 중생에게 이익을 주려고
공덕의 큰 바다를 다 회향하여
그 위덕과 그 광명이 세상을 초월하여
용맹하고 크신 힘의 몸을 이루게 하리라.

또 보살은 모든 중생에게 이익을 주려고 공덕의 큰 바다를 다 회향하여 그 위덕과 광명이 세상을 초월하여 용맹하고 크신 힘의 몸, 즉 부처님이 되게 하려는 서원을 가진다. 보살은 중생들을 교화하여 온 세상이 자신과 같은 보살로 가득 차게 하려는 것이 희망이다.

범 소 수 습 제 공 덕　　원 사 세 간 보 청 정
凡所修習諸功德으로　**願使世間普清淨**호대

제 불 청 정 무 륜 필　　중 생 청 정 역 여 시
諸佛清淨無倫匹하시니　**衆生清淨亦如是**로다

무릇 닦고 닦은 온갖 공덕으로써
온 세간이 모두 다 청정하기를 원하고
모든 부처님의 청정하심이 짝이 없으니
중생들의 청정함도 그와 같아지이다.

또 보살은 스스로 닦은 모든 공덕으로 온 세상이 모두 정직하고 청정하여 마음속에 본래 갖춘 인의예지仁義禮智를 누구나 다 실천하기를 소원한다. 보살은 또 자신이 닦은 공덕으로 일체 중생이 자나 깨나 마음속에 본래 갖춘 십바라밀을 실천하는 삶을 살기를 소원한다. 보살은 그 일을 위해서 이 세상에 온 것이며 선근을 닦는 것이다.

보살어의득선교　　능지제불최승법
菩薩於義得善巧하야　**能知諸佛最勝法**하고
이중선업등회향　　원령서품동여래
以衆善業等迴向하야　**願令庶品同如來**로다

보살이 진리에서 선교 방편을 얻고
모든 부처님의 가장 수승한 법을 다 알고
여러 가지 선한 업으로 평등하게 회향하여
중생들[庶品]이 여래와 같아지기를 서원하도다.

불교는 누구나 위로는 깨달음의 지혜와 자비를 구하고 아래로는 일체 중생을 교화하고 성숙시키며 제도하는 삶을 살기를 가르친다. 만약 이것이 아니면 불교가 아니다. 그래서 부처님과 같이 살고 보살과 같이 살아야 한다. 우리들의 참나는 누구나 이미 무한한 능력과 자비와 지혜를 갖추고 태어났으므로 그 사실을 알면 자연스럽게 보살행을 하게 되어 있다. 선교 방편을 얻고 모든 부처님의 가장 수승한 법을 다 안다는 것이 그것이다. 그래서 중생이 여래와 같아지고 다시 보살로 돌아와 영원히 보살행을 하면서 세상을 청정하게 교화하는 것이다. 이것이 보살의 서원이며 모든 불자의 서원이다.

4〉 상相이 다하여 평등함

보 살 요 지 제 법 공　　　일 체 세 간 무 소 유
菩薩了知諸法空하야　**一切世間無所有**하며

무 유 조 작 급 작 자　　　중 생 업 보 역 불 실
無有造作及作者호대　**衆生業報亦不失**이로다

보살은 모든 법이 공空한 줄 아니
일체 세간이 아무 것도 있는 바 없어
지은 것도 없고 짓는 이도 모두 없지만
중생의 업과 과보 잃지 않도다.

모든 사람과 일체 존재의 본성은 텅 비어 공한 것이다. 업을 지은 것도 없고 업을 짓는 사람도 없다. 그러나 한편 일체 현상은 생각과 감정과 오온육근五蘊六根으로 온갖 업을 다 짓는다. 우리들의 현실 생활은 생각과 감정과 오온육근으로 만유와 더불어 천변만화하며 엮여 가기 때문에 업을 짓고 과보를 받는 것을 부정할 수 없다. 불교를 공부하여 존재의 이치를 아는 사람들은 이와 같은 원리를 다 잘 안다. 또 잘 알아야 한다. 그 원리에서 중생을 위한 보살행이 나온다.

제 법 적 멸 비 적 멸　　원 리 차 이 분 별 심
諸法寂滅非寂滅에　**遠離此二分別心**하고
지 제 분 별 시 세 견　　입 어 정 위 분 별 진
知諸分別是世見하야　**入於正位分別盡**이로다

모든 법이 적멸하다 적멸하지 않다는
이 두 가지 분별심을 멀리 떠나고 나면
모든 분별은 세속의 소견임을 알게 되어서
바른 지위[正位] 들어가 분별이 다하리라.

법화경에 "모든 법은 본래부터 적멸한 모습이다."라고 하였다. 어찌 적멸하기만 하겠는가. 적멸한 가운데 우리들이 보고 듣는 이대로 법계에 충만하지 않은가. 그러므로 적멸하다느니 적멸하지 않다느니 분별할 것이 아니다. 적멸하면서 충만하고 충만하면서 또한 적멸한 것이 모든 법의 실상이다. 적멸함과 적멸하지 않음을 분별하는 것은 아직 치우친 세속적 소견이다. 만약 바른 지위인 중도적 소견을 갖게 되면 그와 같은 분별이 다하리라.

여 시 진 실 제 불 자　　　종 어 여 래 법 화 생
如是眞實諸佛子가　　**從於如來法化生**이라

피 능 여 시 선 회 향　　　세 간 의 혹 실 제 멸
彼能如是善迴向일새　**世間疑惑悉除滅**이로다

이와 같이 진실한 모든 불자들이
여래의 법으로부터 변화하여 태어난 것이라
저 보살들이 능히 이와 같이 잘 회향하니
세간의 모든 의혹 다 없어졌도다.

의법출생依法出生이라는 말이 있다. 실로 진실한 불자라면 모두가 부처님 진리의 가르침에 의지하여 새롭게 변화하여 다시 태어나야 한다. 자나 깨나 선근을 닦아 세상에 회향하는 진정한 보살로 새롭게 태어나야 한다. 불교를 이와 같이 이해한다면 아무런 의혹이 없을 것이다. 세상 사람들이 무슨 의혹을 품으며 무슨 비판을 하겠는가. 진실로 받들어 섬길 것이다.

제7 일체 중생을 평등하게 수순하는 회향[等隨順一切衆生廻向]의 설법이 80권 중 한 권으로 끝을 맺었다. 선근을 닦아 회향하는 일이 불교에서 얼마나 중요한 일인가를 깨닫게 한다. 실로 불자가 선근을 닦아 일체 중생에게 회향하는 일은 불법의 전부다. 부처님과 보살과 일체 불자의 마음의 전부다. 만약 선근을 닦아 사회에 회향하지 않는다면 불교가 세상에 존재할 이유가 없다. 그러므로 선근을 닦아 사회에 회향하는 보살들이 무수히 일어나서 온 세상을 가득하게 채워야 할 것이다. 사람 사람의 마음에 본래로 갖춰져 있는 인의예지를 실천하고 십바라밀을 실천하는 보살들이 온 세상에 넘쳐나야 할 것이다. 이것이 부처님과 보살들의 꿈이다. 불교의 희망이다.

불자가 머무는 산중의 암자나 사찰이나 큰 절이나 포교당은 승속을 막론하고 모두가 보살들을 길러 내는 연수원이다. 보살을 육성하는 교육 장소다. 보살사관생도를 양성하는 사관학교다. 만약 그렇지 못하다면 지금부터라도 눈을 뜨고 그와 같은 도량이 되도록 노력하여야 할 것이다.

십회향품 7 끝

〈제29권 끝〉

華嚴經 構成表

<table>
<tr><th>分次</th><th colspan="2">周次</th><th>內容</th><th>品數</th><th>會次</th></tr>
<tr><td>擧果勸樂生信分
(信)</td><td colspan="2">所信因果周</td><td>如來依正</td><td>世主妙嚴品 第一
如來現相品 第二
普賢三昧品 第三
世界成就品 第四
華藏世界品 第五
毘盧遮那品 第六</td><td>初會</td></tr>
<tr><td rowspan="9">修因契果生解分
(解)</td><td rowspan="7">差別因果周</td><td rowspan="6">差別因</td><td>十信</td><td>如來名號品 第七
四聖諦品 第八
光明覺品 第九
菩薩問明品 第十
淨行品 第十一
賢首品 第十二</td><td>二會</td></tr>
<tr><td>十住</td><td>昇須彌山頂品 第十三
須彌頂上偈讚品 第十四
十住品 第十五
梵行品 第十六
初發心功德品 第十七
明法品 第十八</td><td>三會</td></tr>
<tr><td>十行</td><td>昇夜摩天宮品 第十九
夜摩天宮偈讚品 第二十
十行品 第二十一
十無盡藏品 第二十二</td><td>四會</td></tr>
<tr><td>十迴向</td><td>昇兜率天宮品 第二十三
兜率宮中偈讚品 第二十四
十迴向品 第二十五</td><td>五會</td></tr>
<tr><td>十地</td><td>十地品 第二十六</td><td>六會</td></tr>
<tr><td>等覺</td><td>十定品 第二十七
十通品 第二十八
十忍品 第二十九
阿僧祇品 第三十
如來壽量品 第三十一
菩薩住處品 第三十二</td><td rowspan="4">七會</td></tr>
<tr><td>差別果</td><td rowspan="3">妙覺</td><td>佛不思議法品 第三十三
如來十身相海品 第三十四
如來隨好光明功德品 第三十五</td></tr>
<tr><td rowspan="2">平等因果周</td><td>平等因</td><td>普賢行品 第三十六</td></tr>
<tr><td>平等果</td><td>如來出現品 第三十七</td></tr>
<tr><td>托法進修成行分
(行)</td><td colspan="2">成行因果周</td><td>二千行門</td><td>離世間品 第三十八</td><td>八會</td></tr>
<tr><td>依人證入成德分
(證)</td><td colspan="2">證入因果周</td><td>證果法門</td><td>入法界品 第三十九</td><td>九會</td></tr>
</table>

（資料：文殊經典研究會）

會場	放光別	會主	入定別	說法別擧
菩提場	遮那放齒光眉間光	普賢菩薩爲會主	入毘盧藏身三昧	如來依正法
普光明殿	世尊放兩足輪光	文殊菩薩爲會主	此會不入定 · 信未入位故	十信法
忉利天宮	世尊放兩足指光	法慧菩薩爲會主	入無量方便三昧	十住法門
夜摩天宮	如來放兩足趺光	功德林菩薩爲會主	入菩薩善思惟三昧	十行法門
兜率天宮	如來放兩膝輪光	金剛幢菩薩爲會主	入菩薩智光三昧	十廻向法門
他化天宮	如來放眉間毫相光	金剛藏菩薩爲會主	入菩薩大智慧光明三昧	十地法門
會普光明殿	如來放眉間口光	如來爲會主	入刹那際三昧	等妙覺法門
會普光明殿	此會佛不放光 · 表行依解法依解光故	普賢菩薩爲會主	入佛華莊嚴三昧	二千行門
祇陀園林	放眉間白毫光	如來善友爲會主	入獅子頻申三昧	果法門

如天 無比

1943년 영덕에서 출생하였다. 1958년 출가하여 덕홍사, 불국사, 범어사를 거쳐 1964년 해인사 강원을 졸업하고 동국역경연수원에서 수학하였다. 10여 년 선원생활을 하고 1976년 탄허스님에게 화엄경을 수학하고 전법, 이후 통도사 강주, 범어사 강주, 은해사 승가대학원장, 대한불교조계종 교육원장, 동국역경원장, 동화사 한문불전승가대학원장 등을 역임하였다.

현재 부산 문수선원 문수경전연구회에서 150여 명의 스님과 250여 명의 재가 신도들에게 화엄경을 강의하고 있다. 또한 다음 카페 '염화실'(http://cafe.daum.net/yumhwasil)을 통해 '모든 사람을 부처님으로 받들어 섬김으로써 이 땅에 평화와 행복을 가져오게 한다.'는 인불사상(人佛思想)을 펼치고 있다.

저서로 『법화경 법문』, 『신금강경 강의』, 『직지 강설』(전 2권), 『법화경 강의』(전 2권), 『신심명 강의』, 『임제록 강설』, 『대승찬 강설』, 『유마경 강설』, 『당신은 부처님』, 『사람이 부처님이다』, 『이것이 간화선이다』, 『무비 스님과 함께하는 불교공부』, 『무비 스님의 증도가 강의』, 『일곱 번의 작별인사』, 무비 스님이 가려 뽑은 명구 100선 시리즈(전 4권) 등이 있고 편찬하고 번역한 책으로 『화엄경(한글)』(전 10권), 『화엄경(한문)』(전 4권), 『금강경 오가해』 등이 있다.

대방광불화엄경 강설 제29권

| **초판 1쇄 발행**_ 2015년 9월 30일
| **초판 2쇄 발행**_ 2018년 4월 4일

| **지은이**_ 여천 무비(如天 無比)
| **펴낸이**_ 오세룡
| **편집**_ 박성화 손미숙 정선경 이연희
| **기획**_ 최은영
| **디자인**_ 고혜정 김효선 장혜정
| **홍보 마케팅**_ 이주하
| **펴낸곳**_ 담앤북스
서울특별시 종로구 사직로8길 34 (내수동) 경희궁의 아침 3단지 926호
대표전화 02)765-1251 전송 02)764-1251 전자우편 damnbooks@hanmail.net
출판등록 제300-2011-115호
| ISBN 978-89-98946-63-0 04220

정가 14,000원

金剛幢菩薩說第七等隨順一切衆生廻向